中国建筑业协会绿色建造与智能建筑分会 ｜ 主编

中国智能建筑行业发展报告

——智能建筑助力数字中国实现绿色"双碳"建设

中国建筑工业出版社

中国智能建筑行业发展报告
——智能建筑助力数字中国实现绿色"双碳"建设

编写名单

主编单位：

中国建筑业协会绿色建造与智能建筑分会

参编单位：

浙江省建筑设计研究院

华南理工大学建筑设计研究院有限公司

中建三局智能技术有限公司

同方智慧能源有限责任公司

太极计算机股份有限公司

北京市建筑设计研究院有限公司

华为技术有限公司

中国建筑标准设计研究院

上海大学

杰创智能科技股份有限公司

北京邻元技术有限公司

昌兴新创科技（北京）有限公司

浙江一舟电子科技股份有限公司

讯飞智元信息科技有限公司

银江技术股份有限公司
北京城建设计发展集团股份有限公司
福建省建筑设计研究院有限公司
宁波市建筑设计研究院有限公司
北京泰豪智能工程有限公司
中电海康集团有限公司
厦门万安智能有限公司
北京和欣运达科技有限公司
浙江德方智能科技有限公司
北京海林自控科技股份有限公司
重庆思源建筑技术有限公司
浙江华是科技股份有限公司

编写人：

王东伟	李翠萍	李明荣	耿望阳	陈 应	赵凤泉
洪劲飞	孙成群	姜子炎	董玉安	赵 博	孙 兰
王 晖	赵哲身	龙 飞	孙凤军	陶 勇	张文广
彭一琦	沈立恩	林能影	王 芬	安卫华	李晓光
黄 震	王志强	李国有	史 进	温志伟	蒋旭林
曾俊清	张 青	蒋建锋	朱立荣	李斯洋	梁志忠

序

2023年是全面落实党的二十大精神、开启新征程的第一年，党的二十大报告指出，高质量发展是全面建设社会主义现代化国家的首要任务，加快构建新发展格局是推动高质量发展的战略基点，加快实现高水平科技自立自强是推动高质量发展的必由之路。中共中央、国务院印发的《数字中国建设整体布局规划》指出，建设数字中国是数字时代推进中国式现代化的重要引擎，是构筑国家竞争新优势的有力支撑。

智能建筑作为数字中国的重要数字化基础设施之一，它以建筑为载体，以物联网、云计算、大数据、人工智能、移动通信和区块链等新一代信息技术为支撑，对建筑全生命周期中的信息资源进行全面采集、分析、处理、融合应用和服务定制等，为用户提供安全舒适、绿色低碳和智能便捷的工作和生活环境。

我国智能建筑从20世纪80年代末起步，历经30余年的发展，初步建立了标准、技术、工程、产业和人才等五大体系，形成了建筑行业中一个不可或缺的专业领域，为人们构建良好的生产生活环境提供了强大支撑，取得了显著的综合效益。当前，数字化与智能化建筑的新技术、新市场、新模式和新应用层出不穷，正以前所未有的强大动力驱动着建筑领域的内涵和外延不断延展扩充，显现出广阔的发展前景，极大地促进了数字化城市基础设施建设、城市更新和生命线安全工程的落实，以及国产化产品研制等领域的快速发展。未来不仅会持续为建筑行业转型升级带来新的发展机遇，还将为人民的幸福生活构建无限的想象空间。

由中国建筑业协会绿色建造与智能建筑分会主编的《中国智能建筑行业发展报告——智能建筑助力数字中国实现绿

色"双碳"建设》经过反复讨论和修改,力求精准、全面、深入和博采众长,勾勒出智能建筑行业的发展历程、现状和远景,期望为行业进一步明确发展方向,并借此为我国智能建筑行业的高质量发展贡献微薄之力。

前言

　　我国智能建筑已经走过30余年的发展历程，行业在政策、市场、技术和人才等方面积累了丰富的资源和经验，在《中华人民共和国国民经济和社会发展第十四个五年规划和2035年远景目标纲要》《数字中国建设整体布局规划》和中华人民共和国住房和城乡建设部《"十四五"建筑业发展规划》等国家战略，以及由第四次工业革命所驱动的数字化转型和产业变革共同推动下，智能建筑领域的外延和边界不断延展扩大，新技术、新市场、新模式和新应用纷纷涌现，为行业转型升级带来了新的发展机遇。《中国智能建筑行业发展报告——智能建筑助力数字中国实现绿色"双碳"建设》（以下简称《报告》）正是在这样的背景下编写而成。《报告》共分为5章，分别为"第1章 我国智能建筑发展历程与现状""第2章 行业体系建设及新技术应用""第3章 行业发展机遇与挑战""第4章 行业展望与发展建议"和"第5章 典型应用与实践案例"。

　　《报告》第1章"引言"概述了智能建筑概念演化和智能建筑工程与智能建造、绿色建造的关系。"发展历程"一节，总结了我国智能建筑行业从1995年底前智能建筑起步推广阶段、1996～2006年规范发展阶段、2007～2015年高速成长阶段，以及2016年至今融合创新阶段，跨越30余年的发展历程。《报告》从国家政策、市场、行业和企业发展等方面进行了总结，使读者对我国智能建筑领域发展有一个全方位的认知。剩余部分，从行业管理、市场现状、企业现状和业务现状四个方面出发，配以数据和图表对行业近10年的现状进行了剖析。

　　《报告》第2章的"行业体系建设"一节，从行业已经建立的标准、技术、工程、产业和人才"五大体系"出发，较为详细地分析了业务领域由单一建筑向建筑群、大型园区和城市建设拓展，并向数字化转型的过程，通过智能化技术在低碳、节能、绿色和环保等领域广泛应用，实现系统集成到跨界融合的突破，推动建筑行业整体创新发展。"新技术融合应用"一节，从新一代信息技术以及相关新技术的发展概况、系统产品现状及其在智能建筑行业的应用出发，阐述了行业综合运用云计算、大数据、物联网、移动互联网和人工智能等新一代信息技术，以及 BIM（建筑信息模型）、CIM（城市信息模型）、区块链、数字孪生和元宇宙等新技术，向信息融合、数据分析、智能决策和服务体验等方向发展的概况。

《报告》第 3 章从五个维度分析了行业发展的机遇，以及目前面临的问题和挑战。第 4 章通过对政策、技术、市场和企业的深入调研分析，总结智能建筑行业的发展趋势并提出针对性的建议。第 5 章以典型应用与实践案例，对智能建筑企业在各业务领域的研发、创新、应用成果及其社会经济价值，进行总结和思考，希望相关企业和机构能有所借鉴。

党的二十大报告中强调，要以中国式现代化全面推进中华民族伟大复兴。智能建筑行业将在国家战略和政策的引领下，顺势而为，拥抱变革，不断加速转型升级，融入"数字化转型"大环境、布局"新型智慧城市建设"大格局、实现"绿色双碳"大趋势，并以新服务、新模式和新业态为发展方向，通过对建筑业全价值链的渗透与融合、全产业链的共生和可持续发展，推动智能建筑产业为实现中国式现代化发展作出贡献。

《报告》的编辑出版，凝聚了行业领导和各位专家同仁的心血，编写组经过反复讨论和修改，内容上力求精准、全面、深入、适用并博采众长，勾勒出智能建筑行业发展的历程、现状和远景，为行业发展明确方向，同时让政府主管部门和相关机构全面了解智能建筑行业，供其决策参考，以促进和推动我国智能建筑高质量发展。

  历时一年的编制，《报告》终于完稿，在此谨向参与编写的领导和专家同仁表示衷心的感谢！由于时间仓促，书中难免出现一些疏漏，诚邀广大读者批评指正，并提出宝贵意见。

编写组

2023 年 6 月

目 录

第 1 章 我国智能建筑发展历程与现状

1.1 引言	002
1.2 发展历程	004
1.2.1 起步推广阶段（1995 年底前）	005
1.2.2 规范发展阶段（1996～2006 年）	005
1.2.3 高速成长阶段（2007～2015 年）	008
1.2.4 融合创新阶段（2016 年至今）	010
1.3 行业管理	012
1.3.1 市场准入	015
1.3.2 监督管理	015
1.4 市场现状	018
1.4.1 市场规模	018
1.4.2 市场分布	019
1.5 企业现状	021
1.5.1 企业概况	021
1.5.2 企业分布	022
1.6 业务现状	023
1.6.1 业务流程	023
1.6.2 智能建筑	025
1.6.3 智慧园区	028
1.6.4 智慧城市	028

第 2 章 行业体系建设及新技术应用

2.1 行业体系建设	036

2.1.1 标准体系 036
  2.1.2 技术体系 056
  2.1.3 工程体系 060
  2.1.4 产业体系 063
  2.1.5 人才体系 067
 2.2 新技术融合应用 071
  2.2.1 新一代信息技术应用 073
  2.2.2 数字孪生技术应用 082
  2.2.3 绿色节能技术应用 095
  2.2.4 群智能技术应用 100

第3章 行业发展机遇与挑战

 3.1 发展机遇 106
  3.1.1 新基建和新城建 106
  3.1.2 数字住建 108
  3.1.3 新型建筑工业化 109
  3.1.4 绿色和"双碳"战略 109
  3.1.5 四新经济 110
 3.2 发展挑战 111
  3.2.1 行业专业化之路如何走 111
  3.2.2 工程承包模式变革挑战 111
  3.2.3 运维管理模式有待突破 112
  3.2.4 跨领域协同机制待完善 112

第 4 章　行业展望与发展建议

4.1　行业展望　　116
 4.1.1　新一代信息技术推动技术变革　　116
 4.1.2　构建中国智能建筑产业体系　　117
 4.1.3　绿色发展和低碳节能持续发力　　118
 4.1.4　智能建造驱动行业工业化进程　　119
 4.1.5　全寿命期服务融入智慧城市　　119
 4.1.6　赋能数字乡村与生态乡村建设　　121

4.2　发展建议　　122
 4.2.1　推进专业工程承包模式　　122
 4.2.2　推动专业工程质量检测　　124
 4.2.3　健全专业智慧运维体系　　124
 4.2.4　建立行业信息创新体系　　125
 4.2.5　提高行业科技创新能力　　126
 4.2.6　培育行业专精特新企业　　127

第 5 章　典型应用与实践案例

5.1　智能建筑案例　　130
 5.1.1　国家体育场（鸟巢）智慧化更新项目　　130
 5.1.2　杭州亚运场馆新建项目　　132
 5.1.3　国家会展中心（天津）项目　　133
 5.1.4　阿里巴巴杭州软件生产基地项目　　135
 5.1.5　福建省儿童医院项目　　136

5.2 智慧园区案例　　137
5.2.1 华为园区群设施集中运营管理项目　　137
5.2.2 中建科技产业园项目　　138
5.2.3 雄安商务服务中心项目　　140
5.2.4 东南智汇城多业态智慧园区项目　　142
5.2.5 华南理工大学广州国际校区项目　　144
5.2.6 临安青山湖"零碳"智慧产业园项目　　145

5.3 智慧城市案例　　147
5.3.1 杭州和睦未来社区项目　　147
5.3.2 金华武义溪南智慧社区项目　　149
5.3.3 深圳市罗湖棚户区改造项目　　150
5.3.4 横琴口岸及综合交通枢纽项目　　151
5.3.5 北京未来科技城"云运维"项目　　154
5.3.6 贵阳清镇城市级停车管理项目　　156
5.3.7 金鸡湖隧道智能化建设项目　　157
5.3.8 北京通州文化旅游区智慧管廊项目　　159
5.3.9 陕西广电网络产业基地数据中心项目　　161

第 1 章

我国智能建筑发展历程与现状

1.1 引言

1. 智能建筑概念的演化

智能建筑是指以建筑物为平台，基于对各类智能化信息的综合应用，集架构、系统、应用、管理及优化组合为一体，具有感知、传输、记忆、推理、判断和决策的综合智慧能力，形成以人、建筑、环境互为协调的整合体，为人们提供安全、高效、便利以及可持续发展功能环境的建筑。其内涵和外延随着技术发展和建筑功能的需求将适时产生变化。

智能建筑的技术基础主要由现代建筑技术、现代信息技术、现代通信技术和现代控制技术所组成。核心业务为新建、扩建和改建的住宅、办公、旅馆、文化、博物馆、观演、会展、教育、金融、交通、医疗、体育、商店等民用建筑及通用工业建筑的智能化系统工程。近年来，在数字中国战略和智慧城市建设的引领下，智能建筑业务已经延伸至园区、城市基础设施和相关行业领域的智能化及信息化融合配套工程。

智能建筑目前具有权威的学术定义，并已经建立完备的技术标准体系、专项设计资质和工程承包资质监管体系。智能建筑的智能化系统构成与智能化工程建设内容由相关国家标准进行了规定，代表了信息技术在建筑物不同形态应用的基础单元，也是城市相关设施数字化的基础底座，智能建筑标准体系也正与时俱进地迭代发展。

如图 1-1 所示，智能建筑的定义按照建筑功能要求和技术发展迭代来划分，已经从 2000 年前的"3A 或 5A 建筑"迭代升级到 2015 年的"智能建筑 3.0"，即国家标准《智能建筑设计标准》GB 50314—2015 所做的科学定义，关键有三要素：其一，以建筑物为平台，基于对各类智能化信息的综合应用，集架构、系统、应用、管理及优化组合为一体；其二，具有感知、传输、记忆、推理、判断和决策的综合智慧能力；其三，形成以人、建筑、环境互为协调的整合体，为人们提供安全、高效、便利及可持续发展等功能环境的建筑。

智能建筑以可持续发展为目标，注重建筑与人的连接，应用场景和体验感受，与云计算、大数据、物联网、移动互联网、人工智能、BIM 和区块链等新一代信息技术应用同步，实现对建筑的信息资源进行全面采集、分析、处理和融合应用，使建筑具有智能分析、智能决策、故障自诊断和资源自优化等能力。目前智能建筑定义的内涵

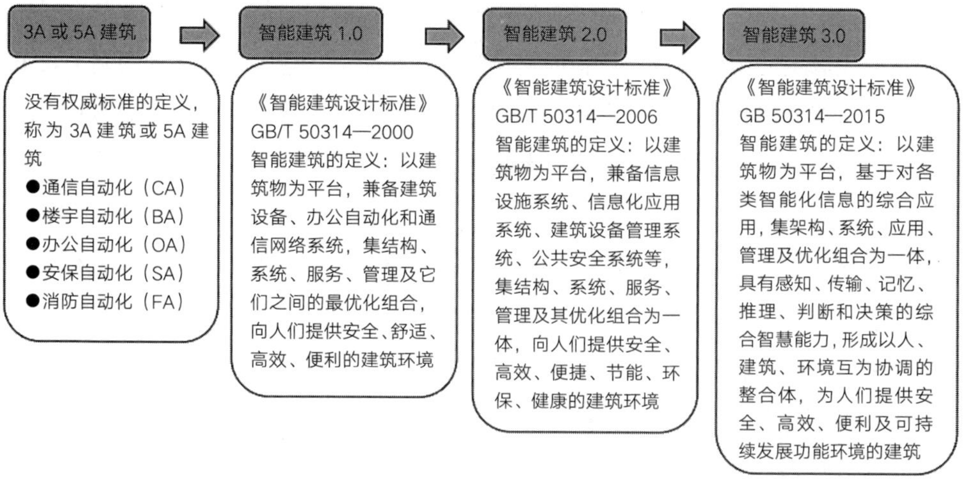

图 1-1 智能建筑及其相关概念演化

和外延,基本涵盖了在数字化转型和新一代信息技术应用中,社会上不断涌现出的智慧建筑等相关新名词和新概念所表述的内容。

2. 智能建筑工程与智能建造、绿色建造的关系

从建筑工程角度分析,三者都是建筑工程全寿命期内施工阶段建造模式和采用的技术和方法(图 1-2)。

智能建筑工程通常为根据标准和设计要求,以满足智能建筑功能、应用信息技术和绿色建造理念,实现从工程立项、设计、施工与集成到运维的实施过程。智能建筑工程在建造阶段应用智能建造和绿色建造的相关理念和技术,例如,建造管理过程中应用物联网、大数据和移动互联网等技术,以及选用绿色建材,采取资源节约和环境保护等措施,但其核心关注点是建造完成后,为用户提供的智能化功能和服务能力。

智能建造是以现代信息技术为基础,建造领域的数字化技术为支撑,实现建造过程一体化和协同化,并推动工程建造工业化、服务化和平台化变革,从而交付以人为本的绿色工程产品。它不仅是实现建造技术进步的方法,更重

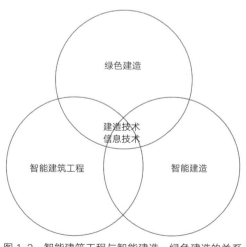

图 1-2 智能建筑工程与智能建造、绿色建造的关系

要的是要变革生产方式，实现基于工程全寿命期数据模型的信息集成与业务协同。智能建造的发展主要体现在设计过程的建模和仿真智能化，施工过程中利用基于人工智能技术的机器人代替传统施工方式，管理过程中通过物联网技术实现更加实时精确的管控，以及运维过程中结合云计算、大数据和移动互联网技术提供更方便快捷的服务方式等。

绿色建造是以智能制造为基础，应用节能、环保、减碳和可循环等技术实现建造的过程。国家和行业层面对绿色建造开展的专项研究，始于"十二五"国家科技支撑计划，2013年住房和城乡建设部工程质量安全监管司在《绿色建造发展报告（白皮书）研究》中给出了绿色建造的定义和内涵，此后，绿色建造的内涵和外延在实践中不断发展和完善。绿色建造是对工程建设领域中生态文明建设和可持续发展思想的具体体现，着眼于建筑全寿命期，在保证质量和安全的前提下，通过科学管理和技术进步，最大限度地节约资源和保护环境，实现绿色施工要求，生产绿色建筑产品的工程活动。

这三个名词共同点都是针对建筑工程建设与管理过程，都是采用先进的信息技术为基础去优化、提升传统模式，变革生产方式。不同点主要体现在各自采用的技术、实现的目标和实施过程有所不同，三者是相辅相成、互不替代的关系。

1.2 发展历程

我国智能建筑从20世纪80年代末开始起步，历经30余年发展，智能化系统由单一系统发展到多系统融合集成，智能建筑工程也由单一建筑业态发展到建筑群、园区和城市相关领域等多种业态。智能建筑行业经过了起步推广（1995年底前）、规范发展（1996～2006年）和高速成长（2007～2015年）三个阶段的发展。从2016年开始进入融合创新发展阶段，其发展有三个显著标志：（1）以智慧城市建设为契机，智能建筑融合集成和绿色节能为标志，逐渐融入智慧城市建设，提升了行业的技术进步、工程能力和市场水平；（2）以国家"十三五"信息化规划为驱动力，探索在信息基础设施建设、智能建筑不同业态的应用场景，并通过智慧城市建设过程不断创新服务和业务模式；（3）以新一代信息技术应用为引领，融合应用绿色低碳、云计算、大数据和人工智能等新一代信息技术，通过在技术、产业链和行业生态等方面的创新进一步推动行业的转型升级。

1.2.1 起步推广阶段（1995年底前）

我国智能建筑在起步推广阶段重在概念普及。1992年随着综合布线系统引入我国市场，在建筑物内部为语音和数据的传输提供了一个开放的平台，加强了信息技术与建筑功能的结合，对智能建筑的起步和发展起到了巨大推动作用。当时智能建筑产品市场基本被国外产品商所垄断，借助我国改革开放政策，通过引进、吸收和再创新的发展模式，使智能建筑在中国得以立足，智能建筑的概念逐渐被越来越多的人所认识和接受。

由于相应政策法规、标准规范的缺乏，设计院、集成商的经验不足，加之商家的利益驱使等各种因素，在1993～1995年期间的房地产开发热潮中，智能建筑工程的应用出现了过度炒作的现象。为规范智能建筑行业发展，《民用建筑电气设计规范》JGJ/T 16—1992开始涉及智能建筑部分内容。1995年7月，华东建筑设计院制定了上海地区《智能建筑设计标准》DBJ 08—47—1995，成为我国第一个全面规范智能建筑工程设计的标准。与此同时，《建筑与建筑群综合布线系统工程设计规范》CECS72：1997、《建筑与建筑群综合布线系统工程施工与验收规范》CECS89：1997、《电子计算机机房设计规范》GB 50174—1993、《民用闭路监视电视系统工程技术规范》GB 50198—1994、《安全防范工程程序与要求》GA/T 75—1994、《防盗报警控制器 通用技术条件》GB 12663—1990和《火灾自动报警系统施工及验收规范》GB 50166—1992等一系列技术规范纷纷制定颁布，为智能建筑的设计、施工和验收提供了依据。

在智能建筑工程设计、施工、监理、检测和验收等方面，最初只有数量不多的从事计算机、自控、建筑电气的企业和国外产品代理商在引导房地产市场开发智能建筑。在工程技术内容方面，我国智能建筑工程首先围绕综合布线，继而引入暖通空调自动控制的楼宇自动化，同时兼顾消防、安防、办公自动化等专业功能。就工程范围而言，从新建的宾馆、饭店、写字楼展开，建成了如北京发展大厦、中国国际贸易中心、北京京广中心、上海锦江饭店、广州国际大厦、广州世界贸易中心大厦、重庆大厦等代表性工程。

1.2.2 规范发展阶段（1996～2006年）

1996年以后，由于政府主管部门的重视，相关机构推进和行业企业的参与，政府市场管理、行业标准规范逐步完善，部分智能建筑系统产品实现了国产化并有一定的市场占有率。随着智能建筑工程普及所积累的经验教训，房地产开发商及有关的建设方逐步趋向理性和务实，陆续建成了一批标志性智能建筑，取得较好的效果，在国内外产生了深远影响,进一步激发了国内外企业进军中国智能建筑市场的热情和信心,使得智能建筑市场空前活跃。

为了推进我国智能建筑的发展,1996年1月,建设部在上海佘山召开了第一次"智能建筑研讨会",旨在从建筑设计开始推广和规范智能建筑工程的技术应用。同年,国家计委和国家科委共同主持制定了国家"七五"重点科学技术项目《智能化办公大楼可行性研究》。

1996年2月建设部科学技术委员会成立了建设部科学技术委员会智能建筑技术开发推广中心(简称"推广中心")。其主要任务是开展智能建筑发展的市场调查和软科学研究,提出意见和建议,为政府决策提供参考;开展技术交流,收集、传播、普及国内外有关智能建筑信息以及人员培训,智能建筑咨询服务、工程试点和技术推广活动。同年推广中心组织专家对北京、上海、苏州、徐州和郑州等地的智能建筑进行了专项调研,并向建设部提出了《我国智能建筑发展情况的报告》,建议智能建筑的行业主管部门,尽快牵头制定智能建筑工程设计、施工和验收等标准规范,促进国产化产品推广应用,加快建立智能建筑学科,培养复合型人才,开展工程试点项目,促进新技术、新成果的推广应用等。

1997年推广中心会同哈尔滨建筑大学、北京建筑工程学院等单位合作招收首届在校生"智能建筑硕士研究班",学制为三年;后续几年推广中心又与北京工业大学合作在全国招收首届在职"智能建筑工学硕士班",经国家教委批准可授予硕士学位,两届共计50人。1997年5月推广中心创办了首个专门服务智能建筑领域的宣传媒体——《智能建筑》杂志,为宣传推广、普及智能建筑发挥了积极的作用。

20世纪90年代末期,智能建筑在我国呈井喷趋势,引起了我国政府主管部门的重视。1997年11月,建设部颁布《1996—2010年建筑技术政策》,智能建筑作为开发新技术领域的建筑产品纳入该文件的《建筑技术政策纲要》中。其后,智能建筑技术被列入国家经贸委发布的《"九五"国家重点技术开发指南》。1997年建设部发布《建筑智能化系统工程设计管理暂行规定》、1998年发布《智能建筑设计及系统集成资质管理规定》。2001年建设部《建筑业企业资质管理规定》中设立了"建筑智能化工程专项承包企业资质等级标准"。

1998年6月,在建设部勘察设计司的直接领导下,成立了由工程设计行业、有关科研单位以及大专院校从事智能建筑的专家组成的"建筑智能化系统工程设计专家工作委员会"。为了指导住宅小区智能化建设,建设部住宅产业促进中心于1999年12月,编写了《全国住宅小区智能化系统示范工程建设要点与技术导则》,促进我国智能小区的建设发展。上述一系列技术政策、政策法规和标准规范的颁布实施,标志着我国智能建筑领域市场发展无序状态的结束,为促进我国智能建筑健康发展奠定了坚实的基础。

2000年国家标准《智能建筑工程设计标准》GB/T 50314—2000颁布,同期国家还颁布了《火灾自动报警系统设计规范》GB 50116—1998、《建筑与建筑群综合布线系统工程设计规范》GB/T 50311—2000、《建筑与建筑群综合布线系统工程验收规范》GB/T 50312—2000等标准。同年,"推广中心"组织20多名专家完成了建设部《智能建筑的发展及对策》的软科学研究,其内容涉及智能建筑发展与现状、工程施工中存在的问题、智能建筑技术发展趋势及智能建筑领域发展对策建议等,为政府主管部门制定政策和行业企业的发展提供了参考。当年,在全国开展智能建筑试点、示范项目,试点立项近百项,验收通过60多个项目,为我国智能建筑工程普及与提高起到了积极的促进作用,同时,带动了信息技术、电子和仪器仪表等产业的发展。

随着国家相关政策和标准规范陆续颁布、原建设部科技委智能建筑推广中心和原建设部住宅产业促进中心的积极引导,国内智能建筑、智能小区、智能家居产品研发、制造和工程应用进入快速发展期,产品制造与供应、工程设计、施工、验收和运行维护等开始向纵深发展,提出了系统集成的设计理念。我国智能建筑工程逐步克服初期的自发、盲目及片面现象,向实效、务实和健康的方向发展。智能建筑产业雏形逐步形成。这期间涌现了上海博物馆、上海金贸大厦、中华世纪坛、上海浦东国际机场、厦门国际会展中心、中国数码信息大厦、云南航空公司综合业务楼、北京华普大厦、广州新体育馆、广州东山广场、山东新闻大厦、湖北省高级人民法院、怡翠花园住宅小区、丽江花园住宅小区和福州天元花园住宅小区等一大批典型工程。

这个时期建设的智能建筑,为人们提供了安全、舒适、高效和节能的工作和生活环境,充分显示了智能建筑行业的优势,赢得了广大用户的认可,并产生了较好的经济、社会和环境效益。智能建筑的发展成就得益于政府主管部门和各有关方面的大力支持,智能建筑业界的共同努力,较快地将智能建筑培育成了建设领域的跨学科、跨专业、跨行业、人才密集和技术密集的新型产业,有效地提升了建筑功能、品质,促进了经济增长,也标志着我国智能建筑产业和行业初步形成。

进入21世纪以来,在我国的大好经济环境下,随着建筑业、房地产业的建设高峰,对建筑的功能提出了更高的要求,为行业发展赢得了机遇,智能建筑进入了发展快车道。为了促进智能建筑行业的发展,2003年建设部和民政部批准成立了中国建筑业协会智能建筑专业委员会(2010年更名为:中国建筑业协会智能建筑分会)和中国勘察设计协会工程智能分会。全国部分省市也相继成立了智能建筑协(学)会。这些智能建筑行业专业协(学)会积极协助政府主管部门,开展行业自律规章和双向服务,发挥桥梁纽带作用,有力促进了我国智能建筑的发展。

围绕我国智能建筑发展，住房和城乡建设部相关机构，如住房和城乡建设部信息中心、住房和城乡建设部住宅产业促进中心、住房和城乡建设部科技发展促进中心等机构开展了软科学研究、标准规范制定、工程试点示范和技术交流等众多成就卓著的工作，加快了智能建筑产业规范的形成与健康发展。

智能建筑行业宣传媒体也同步迅速发展。继《智能建筑》创刊之后、《智能建筑与城市信息》《智能电气技术》《数字社区＆智能家居》相继出版发行，《中国智能建筑信息网》《智能建筑行业信息网》和《千家网》等数字媒体也应运而生，为我国智能建筑发展构筑了学术、技术、工程应用和信息交流平台，积极引导了我国智能建筑的健康发展。

2003年开始，我国智能建筑产品在消防报警、视频安防、通信网络、电子会议、音响扩声和综合布线等系统上基本实现国产化，在产品覆盖的专业领域和产品质量等方面有了突破和长足的进步。国内具有自主知识产权产品的市场占有率逐年提高，打破了国外产品垄断智能建筑市场的局面。大型智能建筑中大量采用国内产品。特别在智能小区、智能家居工程中，大部分智能化系统是国内企业自主品牌产品，市场占有率接近80%，有力地支持了智能建筑技术在建设领域的推广应用。

政府主管部门和相关机构非常重视智能建筑的发展，加强行业协会建设，将从业企业与人员的市场准入制度纳入政府职能管理范围，标准规范不断升级和健全。2006年国家标准《智能建筑设计标准》GB/T 50314—2006颁布，在内容上对《智能建筑设计标准》GB/T 50314—2000进行了技术提升和补充完善，按照办公、商业、文化、媒体、体育、医院、学校、交通、住宅和通用工业等各类建筑物的功能予以分类，并按实现各类建筑的建设目标、应用功能和配置所需的智能化系统，使标准具有显著的指导意义。与此同时，国内高新技术和电子信息产品制造业的迅猛发展，促进了智能建筑产品的国产化进程，使智能化工程在各类建筑及相关领域得到普及，工程投资、个性化设计、工程质量和运行效果等步入良性发展，较快地提高了我国智能建筑发展水平，形成了较为完整的智能建筑技术体系。

1.2.3 高速成长阶段（2007～2015年）

以2007年为起点，智能建筑企业抓住了我国智能建筑市场和资本市场快速发展的契机，同方股份、太极股份、延华智能、银江股份、赛为智能和达实智能等一批企业陆续上市，开辟了新的融资渠道，提升了公司的管理水平和品牌影响力，为行业的发展带来了新的动力和增长点。与此同时，我国智能建筑产品在规模化、市场化和工程应用水平等方面进入全面提升和迭代发展阶段，在珠江三角洲、长江三角洲、环渤海等地区集中了近万家智能建筑产品制造企业。智能建筑工程从上海、北京、广州、深圳、天津、厦门、珠海、青岛、烟台、大连等经济较发达地区的中心城市率先领跑，逐步向二、三线城市推进。中西部地区南昌、武汉、合肥、郑州、成都、重庆、南宁、西安和乌鲁木齐等城市，虽然在智能建筑的数量、配置与资金投入等方面相对较低，但也相继建成了一批具有特色的智能建筑。

2013年开始智能建筑行业在系统集成的基础上，呈现出系统集成融合化、应用多亮点的局势，市场规模达到1900多亿元。系统集成融合化是指智能建筑的设备控制、安全防范、智能照明和智能家居等系统在智慧城市总体架构体系下进行集成，产生出新的功能和技术组合，并提供面向不同行业的应用。2012年住房和城乡建设部发布"关于开展智慧城市试点工作的通知"，2013年住房和城乡建设部和科技部公布国家智慧城市试点名单。智能建筑企业以智慧城市建设为契机，参与相关试点工作，在智慧城市、平安城市、数字校园和智能社区等建设中发挥重要作用，积极拓展业务和市场，为各行业提供智能化解决方案和良好的体验效果。

2014年智能建筑市场在建筑信息模型（BIM）、智能化集成系统（IBMS）、智慧园区、建筑节能和绿色建筑等应用日渐兴起，其中BIM和IBMS作为智能建筑的关键支撑平台之一，对引领行业的技术发展起到了不可替代的作用，应用BIM技术建立的建筑工程信息三维模型，为建筑工程相关方提供了一个工程信息交换和共享的数字化基础平台；IBMS被称为智能建筑的"中枢"系统，它通过统一的协议把各类子系统集成为一个"有机体"，结合数据库的基本功能，实现对建筑设备的集中监视、控制和综合管理，是判定建筑是否"智能"的关键要素之一。

2015年新版《智能建筑设计标准》GB 50314—2015发布，提出了以建筑物为载体，集架构、系统、应用、管理及其优化组合于一体，有效提升各类智能化信息的综合应用功能，使建筑物逐步形成以人、建筑、环境互为协调的整合体，从而构成具有感知、传输、记忆、推理、判断和决策的综合"智慧能力"，具备安全、高效、便利及可持续发展的功能需求。该标准指出了在信息科技发展的推动下，为满足人们对工作和生活环境的建筑物具有安全、高效、便利、生态及可持续发展的现代功能需求，对智能建筑应注入适时的内涵和提出新的建设要求。

行业充分利用在大型公共建筑能耗监测、建筑节能减排、绿色建筑支撑、新能源应用、合同能源管理等领域的专业技术和工程实施优势，全面参与大型公共建筑能耗分项计量与监测系统的研发与建设，创新开发了一批国产化平台软件，并在工程实践中取得了良好的效果。在国家发展和改革委员会批准的节能服务企业中，智能建筑行业内众多企业榜上有名，为我国智能建筑绿色节能发展做出了应有的贡献。

这个时期规划建设的各类智能建筑，为人们提供了安全、舒适、高效、绿色、节能、环保、生态的工作和生活环境。如2008年北京奥运会场馆、2009年济南第十一届全国体育运动会场馆、2010年上海世博会展馆、2010年广州亚运会体育场馆、2011年深圳大运会场馆及配套工程项目的智能化工程，以及各地经济技术开发区（如天津滨海新区）、高新技术开发区、科技园、城市CBD商务区、政府行政中心、城市综合体、各类应急指挥中心、各行业信息化服务系统平台等重大工程的市场需求和智能化建设项目的实施，使智能建筑产业规模、工程质量和技术水平得到了全面提升，为智能建筑企业提供了持续发展的机会。市场竞争使智能建筑行业产生了一批做专、做强、做大的领军企业，产业队伍也迅速成长与壮大，对我国的智能建筑工程建设产生了深远的影响，为行业企业"立足智能建筑，面向智慧城市，立足国内，面向国际"奠定了坚实基础。截至2015年，智能建筑行业市场规模达到2500多亿元。

1.2.4 融合创新阶段（2016年至今）

2016年国务院印发《"十三五"国家信息化规划》提出网络强国战略、大数据战略、"互联网+"行动，国家标准《新型智慧城市评价指标》GB/T 33356—2016正式发布，国家在推进治理体系和治理能力现代化、支撑信息惠民、促进军民深度融合等重点领域建设的举措，为行业发展提供了创新的动力和引擎。

2017年国务院办公厅发布《关于促进建筑业持续健康发展的意见》，对进一步深化建筑业"放管服"改革，加快产业升级，促进建筑业持续健康发展，为新型城镇化提供支撑等，明确提出20条改革发展的重点措施。同年，住房和城乡建设部发布《建筑业发展"十三五"规划》，提出"牢固树立和贯彻创新、协调、绿色、开放、共享的发展理念；大力发展专业化施工，推进以特定产品、技术、工艺、工种和设备为基础的专业承包企业快速发展；加快推进建筑信息模型（BIM）技术在规划、工程勘察设计、施工和运营维护全过程的集成应用"。

为了提高我国建筑全寿命期的智能化水平，行业逐步进入建筑运维服务管理及其平台研发时期，2017年住房和城乡建设部发布《建筑智能化系统运行维护技术规范》JGJ/T 417—2017行业标准。同年，阿里巴巴发布了《智慧建筑白皮书》（以下简称"白皮书"），这是互联网行业首次从大数据应用和开放平台模式的角度研究智慧建筑的成果。白皮书中提出，智慧建筑是以技术与创新为基石，也是智慧建筑有别于传统建筑的关键所在。因此，在技术与创新方面，智慧建筑应该具有以下特征："巨大的传感器网络和集中或分布式的综合控制系统,高效的计算机硬件及网络、越来越低廉的高品质传感器、高度可控的设备,成为智慧建筑的'大脑''眼睛'和'手'"。白皮书在促进智能建筑企业思考和创新等方面起到了引导作用。

2018年是智能建筑行业走进新时代的起点,智能建筑行业市场规模达到3500多亿元,面向新市场和新应用,智能建筑企业不断提升和发展自身的整体水平,发挥了在建设领域中的技术支撑和服务作用。同年底,中央经济工作会议指出,"加快5G商用步伐,加强人工智能、工业互联网、物联网等新型基础设施建设",由此正式提出"新基建"。行业遵循国家战略规划和布局,探索将信息基础设施建设和智能建筑与行业信息化融合应用,通过智慧城市建设在新技术融合应用方面不断创新服务和业务模式。一批创新成果陆续出台,由中国建筑业协会绿色建造与智能建筑分会组织会员单位和专家,在总结地下管廊和装配式建筑的研究成果和工程实践经验的基础上,在国内率先编写出版了《智慧管廊建设导则》和《装配式智能建筑建设导则》两本专著,为从事该领域的设计、施工、运维、政府和企业等机构以及大中专院校相关专业师生提供技术指导和教学参考。图文并茂的内容和工程实践案例得到行业的一致好评;同年,边缘计算产业联盟发布了《边缘计算参考架构3.0》,标志着物联网技术在智能建筑行业的应用将迈入新的阶段。

这个时期我国在智能建筑系统产品的研发和制造方面逐渐成熟,出现了一批具有国际影响力,代表中国制造水平的企业。在视频安防、出入口控制、停车场管理、通信网络、建筑设备监控管理、能耗监测管理、集成平台、行业应用软件、智能家居、电子会议、音响扩声和综合布线等领域的自主研发和制造取得突破,生产了一批具有自主知识产权和国际领先的系统产品,并基本形成了完整的产业链,国内的市场占有率达到近90%,为我国智能化系统产品闯出了一片天地。

2019年是我国智能建筑广泛应用新一代信息技术的分水岭,在以云计算、大数据、物联网、移动互联网和人工智能为代表的信息技术日益成熟的背景下,新一轮科技革命和产业变革为行业发展带来了技术创新、产业形态和行业生态转型升级的转折点。互联网企业华为、小米、腾讯和阿里巴巴等公司纷纷进军智能建筑行业,提出智慧建筑的概念,并根据自身的特点和优势推出了相应的软件和硬件产品,对行业而言这既是挑战,更是发展转型的机遇。

2020年7月,住房和城乡建设部、工业和信息化部等13部门联合印发了《关于推动智能建造与建筑工业化协同发展的指导意见》,行业全面贯彻新发展理念,积极推动信息技术融合发展,在推进智能建造技术等方面取得了一批研发和应用成果。例如,建筑信息模型(BIM)技术与信息技术融合标准、装配式建筑智能化单元产品、物联网和大数据技术应用等，当年智能建筑行业市场规模达到 4600 多亿元。随着建筑工程总承包模式的推广，通过对企业和市场的调查分析，中国建筑业协会绿色建造与智能建筑分会于 2020 年发布了《工程总承包模式下建筑智能化专业承包从业企业调查报告》，针对智能建筑工程既有承包的方式带来的冲击，提出了行业的应对措施。同年发布《中国智能建筑行业企业发展数据分析报告》，采用大数据分析方法，以 2018 年度和 2019 年度智能建筑企业工程量（合同额）统计数据为基础进行分析和研究，为制定行业发展规划提供了数据支持。

进入 2021 年，在国内国际双循环战略、数字化转型、"双碳"目标、产业升级转型和高质量发展等政策引导和推动下，智能建筑行业市场规模继续发展扩大。2022 年 1 月住房和城乡建设部根据《中华人民共和国国民经济和社会发展第十四个五年规划和 2035 年远景目标纲要》，发布了"十四五"建筑业发展规划，提出"以推动建筑业高质量发展为主题，以深化供给侧结构性改革为主线，以推动智能建造与新型建筑工业化协同发展为动力，加快建筑业转型升级，实现绿色低碳发展，切实提高发展质量和效益"。同年，中国建筑业协会绿色建造与智能建筑分会组织会员单位和专家，编写发布了《智慧园区建设导则》，通过园区规划、平台及运营、配套设施、数字孪生和绿色低碳等手段和方法，提出了智慧园区建设要点和发展策略。当年，华为公司发布第二版《未来智慧园区白皮书》，并在第一版的基础上，提出了智慧园区"规划、建设和运营"一体化的方法论。

这个阶段智能建筑行业在智能建筑应用场景创新、智慧园区、国家重大公共建筑、新基建、城市数字化转型中民生服务等领域积极参与市场竞争，完成了一批如雄安新区的公共服务中心、数据中心、北京冬奥会场馆和应急指挥中心等具有影响力的重大智能建筑工程。在城市数字化转型方面完成了一批便民服务和应用大数据开展城市治理的典型项目，如港珠澳大桥珠海公路智慧口岸、长三角 G60 科技走廊，具有地域特色的智慧社区等融合新一代信息技术的智能化工程。截至 2022 年智能建筑行业市场规模达到 5400 多亿元，并将以此为新的起点，进一步推动智能建筑行业向高质量发展。

1.3 行业管理

智能建筑行业管理遵照国家对建筑业的管理法规，总体上划分为政策法规、市场准入和监督管理三个层面，由于智能建筑业务跨领域的特点，其中建筑工程市场准入由住房和城乡建设部颁发专项设计和工程承包资质，由工业和信息化部颁发信息系统集成资质，由中国网络安全审查技术与认证中心颁发信息安全服务资质。

国家在不同发展阶段适时出台针对行业发展的系列政策法规，为行业发展指明目标、方针和方向，这些指导文件为行业的发展提供着巨大的发展机会、激发了市场主体的澎湃活力，对行业的良性、有序和规范发展产生了深远的影响。

1. 建设项目组织管理方式改革

（1）加快推进工程总承包模式

2014年以来住房和城乡建设部先后批准浙江、吉林、福建、湖南、广西、四川、上海、重庆和陕西等省份或直辖市开展工程总承包试点；2016年住房和城乡建设部印发的《关于进一步推进工程总承包发展的若干意见》明确提出"深化建设项目组织实施方式改革，推广工程总承包制"；2017年国务院印发《关于促进建筑业持续健康发展的意见》，将"加快推行工程总承包"作为建筑业改革发展的重点之一，各省市也纷纷出台文件，积极推进工程总承包模式；2019年12月住房和城乡建设部、国家发展和改革委员会制定了《房屋建筑和市政基础设施项目工程总承包管理办法》，自2020年3月1日起正式施行；2018年1月1日《建设项目工程总承包管理规范》GB/T 50358—2017开始实施。项目工程总承包模式推行六年多以来，对行业市场竞争、工程承包方式、合同关系、项目履约、资金流动和项目质量等都有不同程度的影响。在一些工程项目中，工程总承包企业与建设方角色的重叠，致使智能化工程承包市场竞争加剧，企业盈利能力持续下降，同时倒逼企业新一轮的转型发展。

（2）开展全过程工程咨询服务

2017年1月《国务院办公厅关于促进建筑业持续健康发展的意见》（以下简称19号文）提出"鼓励投资咨询、勘察、设计、监理、招标代理、造价等企业采取联合经营、并购重组等方式发展全过程工程咨询，培育一批具有国际水平的全过程工程咨询企业。政府投资工程应带头推行全过程工程咨询，鼓励非政府投资工程委托全过程工程咨询服务。在民用建筑项目中，充分发挥建筑师的主导作用，鼓励提供全过程工程咨询服务"。2017年5月，住房和城乡建设部根据19号文发出了《关于开展全过程工程咨询试点工作的通知》，选择了北京、上海、江苏、浙江、福建、湖南、广东、四川8省（市）以及中国建筑设计院有限公司等40家企业开展全过程工程咨询试点。2017年11月国家发展和改革委员会出台了《工程咨询行业管理办法》，重新明确了工程咨询的服务范围，将工程咨询归为四大类。2018年3月住房和城乡建设部发布《关于推进全过程工程咨询服务发展的指导意见（征求意见稿）》和《建设工程咨询服务合同示范文本（征求意见稿）》。2019年3月国家发展和改革委员会、住房和城乡建设部发布《关于推进全过程工程咨询服务发展的指导意见》。2020年4月住房和城乡建设部发布《房屋建筑和市政基础设施建设项目全过程工程咨询服务技术标准（征求意见稿）》，重新明确了全过程工程咨询服务。

（3）推进建筑师负责制

推行建筑师负责制是提升建筑工程品质、促进建筑业改革、优化营商环境、推动城市高质量建设发展的重要举措。2016年2月，住房和城乡建设部正式批准在上海浦东设立建筑业综合改革示范区，在全国率先开展建筑师负责制试点。接着，又在福建自贸区的厦门片区、广西壮族自治区的中马钦州工业园区、上海浦东新区、深圳市、河北雄安新区及北京市等6个城市（地区）开展建筑师负责制试点。2021年8月，济南市住房和城乡建设局会同济南市行政审批服务局联合印发了《济南市建筑师负责制试点工作实施方案（试行）》，在山东省率先开展建筑师负责制试点。2021年11月，杭州市工程建设项目审批制度改革领导小组工作办公室印发了《杭州市建筑师负责制试点工作实施方案》，在浙江省率先开展建筑师负责制试点。建筑师负责制已由单一自由贸易区内率先开展试点，向试点城市（地区）全部行政区域扩大。住房和城乡建设部《"十四五"工程勘察设计行业发展规划的通知》中提出，推进多元服务模式，完善发展方式，推进建筑师负责制。

2. 建筑行业数字化转型升级

产业数字化建设和建筑产业升级是建筑业未来发展的必然趋势，产业升级必须依托新技术进行数字化转型，这将提升行业产业链水平和竞争力，带来高质量产品和服务的供给能力。目前，建筑行业是数字化应用程度较低的行业之一，大多数企业的数字化转型仍处于初级阶段，近些年来国家部委颁布了一系列推动建筑行业转型升级的政策文件：（1）2015年6月住房和城乡建设部发布《建筑产业现代化国家建筑标准设计体系》；（2）2015年9月住房和城乡建设部发布《关于推动建筑市场统一开放的若干规定》；（3）2016年8月住房和城乡建设部发布《2016~2020年建筑业信息化发展纲要》；（4）2017年2月国务院办公厅发布《关于促进建筑业持续健康发展的意见》。

以智能建造与建筑工业化协同发展，推广数字设计、智能生产和智能施工，打造建筑产业互联网，形成涵盖全产业链融合一体的智能建造产业体系，为此，国家部委发布了一系列文件推动：（1）2020年7月住房和城乡建设部等13部委发布《关于推动智能建造与建筑工业化协同发展的指导意见》；（2）2021年4月住房和城乡建设部发布《绿色建造技术导则（试行）》；（3）2021年10月中共中央办公厅、国务院办公厅发布《关于推动城乡建设绿色发展的意见》；（4）2022年1月住房和城乡建设部发布《"十四五"建筑业发展规划》等。这一系列政策出台对行业在智能建造、绿色建造和绿色发展过程中的发展和相关管理提出了新的要求。

1.3.1 市场准入

行业现行的市场准入制度是通过资质管理及其相关政策法规，对法人单位进入市场进行行政管理，同时实行专业人员执业资格制度。2020年11月11日国务院常务会议审议通过《建设工程企业资质管理制度改革方案》，提出进一步放宽建筑市场准入限制，优化审批服务，激发市场主体活力。按照国务院深化"放管服"改革部署要求，大力精简企业资质类别，归并等级设置，简化资质标准，优化审批方式，进一步放宽建筑市场准入限制，降低制度性交易成本，破除制约企业发展的不合理束缚。这些改革举措给智能建筑行业带来深刻的影响和变化，主要体现在三个方面：

（1）资质改革对智能建筑行业的影响。工程设计资质中，电子、通信、广电工程行业资质合并为电子通信广电行业资质；智能建筑工程设计专项资质调整为智能建筑工程通用专业资质；施工资质中，电子与智能化工程专业承包、建筑机电安装工程专业承包、城市及道路照明工程专业承包合并为建筑机电工程专业承包资质。新的资质标准实施和资质换证之后，智能建筑行业与机电行业的界限放宽，行业企业数量增加，市场竞争将进一步加剧。

（2）工程招标投标制度持续深化改革。提出完善工程招标资格审查制度，优化调整工程项目招标条件设置，引导建设单位自主选择符合工程建设要求等。

（3）修订完善注册人员职业资格管理制度。进一步明确注册人员在工程建设活动中的权利、义务和责任，推动建立个人执业责任保险制度，持续规范执业行为，落实工程质量终身责任制。

1.3.2 监督管理

行业的工程质量监督管理体系由建筑全寿命期各环节标准规范、工程检测以及产品认证三大部分组成，工程各环节标准是质量的依据，工程检测是质量的保证，产品认证是基础。（1）监督管理总体框架：基本涵盖建筑全寿命期各阶段中关键环节的国家标准和规范；（2）产品监督管理体系：产品认证和工程应用，在国家法律、国家和地方标准和规范、国际相关组织等认证和规定的基础上，安全防范系统产品、消防系统产品和信息安全系统产品等，接受各行业的强制规定进行监督管理；（3）企业监督管理体系：企业在国家法律、国家和地方标准和规范、国际相关组织等认证和规定的基础上，根据企业的业务架构、业务流程、控制程序等建立的企业质量监督体系。

1. 颁布智能建筑工程质量检测新标准

随着我国智能建筑行业迅速发展，传统的建筑工程验收方法已不能适应智能建筑工程验收需要。2019年住房和城乡建设部批准发布《智能建筑工程质量检测标准》JGJ/T 454—2019，该标准规范了智能建筑的检测范围及方式方法，对智能建筑工程质量提升起到了巨大的推动作用。

该标准是通过全面调研，认真总结智能建筑工程检验检测的实践，并吸取了国内外相关检测标准的经验而制定，标准的出台对加强智能建筑工程质量管理和规范智能建筑工程质量检验检测具有重要指导意义。（1）标准适用于新建、扩建和改建智能建筑工程质量的检验检测，主要内容的制定与智能建筑设计标准、施工规范和验收规范相衔接，包括了19个建筑智能化系统。标准分别对每个系统建立了技术性能和系统功能检测检验指标体系，针对每个指标规定了具体的检测检验方法，同时对检测设备、抽样比例、合格评定依据与方法作出了规定；（2）标准在检测内容条理化、检测指标量化和检测方法规范化等方面提高了可操作性，使标准更贴近工程现场需求，在规定各系统检测工作的基础上，特别强调了对建筑整体的智能化水平评价。

智能建筑工程检测由第三方专业化的检测机构承担，第三方质量检测机构遵循公开、公平和公正的原则，对工程施工质量进行全面检测，科学地采集、分析原始数据，做出公平、准确的评价结果，出具检测报告，须加盖公章并提供计量认证证书编号和实验室认可证书注册号。

2. 创新技术监督管理新手段

合理地采用现代化的科学技术仪器对工程项目进行质量监督，主要包括超声波检测、雷达波检测、红外检测、渗透检测、智能检测、智能化检测数据采集、检测结果可视化等。企业要对推进质量监督技术系统信息化的建设加大投入，提升建筑工程在施工过程中的准确、及时、高效性能，运用信息化服务参与建筑工程的管理，有效地提高管理效率与监管质量。

3. 开展智能建筑产品认证与服务

（1）《智能建筑工程质量验收规范》GB 50339—2013中重点提出，关于产品质量检查应包括列入《中华人民共和国实施强制性产品认证的产品目录》或实施生产许可证和上网许可证管理的产品，未列入强制性认证产品目录或未实施生产许可证和上网许可证管理的产品应按规定程序通过产品检测后方可使用。

产品功能、性能等项目的检测应符合相应的现行国家产品标准，供需双方有特殊要求的产品，可按合同规定或设计要求进行。对不具备现场检测条件的产品，可要求进行工厂检测并出具检测报告。硬件设备及材料的质量检查重点应包括安全性、可靠性及电磁兼容性等项目，可靠性检测可参考生产厂家出具的可靠性检测报告。

商业化软件，如操作系统、数据库管理系统、应用系统软件、信息安全软件和网管软件等按照使用许可证及使用范围进行检查，由系统承包商编制的用户应用软件、用户组态软件及接口软件等应用软件，除进行功能测试和系统测试之外，还应根据需要进行容量、可靠性、安全性、可恢复性、兼容性、自诊断等多项功能测试，并保证软件的可维护性；所有定制应用软件均应提供完整的文档（包括软件资料、程序结构说明、安装调试说明、使用和维护说明书等）。

（2）为总结推广智能建造可复制经验做法，指导各地住房和城乡建设主管部门和企业全面了解、科学选用智能建造技术和产品，2021年12月15日，住房和城乡建设部办公厅发布了第一批智能建造新技术新产品创新服务典型案例。

该案例集按照住房和城乡建设部等部门《关于推动智能建造与建筑工业化协同发展的指导意见》要求，经企业申报、地方推荐、专家评审等环节，住房和城乡建设部办公厅最终确定124个案例为第一批智能建造新技术新产品创新服务典型案例。其中自主创新数字化设计软件创新服务案例包括：建筑信息模型（BIM）软件、设计图纸智能辅助审查软件、基于BIM的性能化分析软件、协同设计平台软件和装修智能设计软件等。

（3）绿色建筑节能推荐产品证书。

绿色建筑节能推荐产品证书是为了深入贯彻国务院办公厅《关于转发发展改革委住房城乡建设部绿色建筑行动方案的通知》的精神，落实两部委《绿色建筑行动方案》，转变城乡建设模式和建筑业发展方式，大力发展绿色建筑。为建设绿色、低碳品质工程，全面提高建筑工程质量水平，保证工程建设项目中应用产品的绿色、低碳、节能与品质安全性能；加快绿色、低碳、节能品质技术、产品的推广及示范应用。

推荐产品证书是旨在重点推荐符合绿色建筑应用发展的产品和技术的一项工作。主要包括墙体保温材料及内外保温系统、节能门窗与幕墙系统、电梯、建筑节能与可再生能源利用及系统、化学建材、遮阳产品及系统、防水产品及系统、混凝土产品、供水与节水、建筑电气与智能化管理系统、节材与材料、暖通空调、通风系统、生活垃圾处理、装饰装修材料及厨卫等工程建设领域应用的产品。

1.4 市场现状

1.4.1 市场规模

我国智能建筑行业从2013年至2022年整体市场规模呈上升趋势，智能建筑行业总产值从2013年的1900多亿元，到2022年的5400多亿元，增长了2.7倍，如图1-3所示。行业得以不断增长和扩大，首先是政策推动，政府对智能建筑行业规范化、科学化的引导和相关政策的支持，数字化转型、新基建和"双碳"目标等国家战略，推动了行业转型升级发展；其次是需求驱动，建筑向更智能、安全、舒适、健康和绿色的方向发展，带来了市场的新机遇；再次是技术创新，新一代信息技术日益成熟，为智能建筑发展提供了有力的技术支撑；最后是把握机遇，发挥行业的专业优势，不断探索新业务领域，与国家战略和方针同频共振。

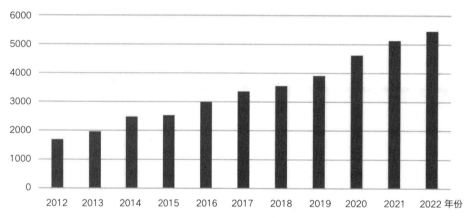

图1-3 2013~2022年我国智能建筑行业市场规模（单位：亿元）
（数据来源：2022年建筑业发展统计分析）
注：智能建筑产值统计数据不包括建筑业以外的产值统计数据。

智能建筑企业总体利润与建筑业、智慧城市、绿色节能和国家重大基础设施建设密切相关，增速总体呈逐年放缓趋势。2022年智能建筑行业实现利润700多亿元，比2021年增加40多亿元，增速约为6.4%，在近5年涨跌波动后，反弹上升，如图1-4所示。

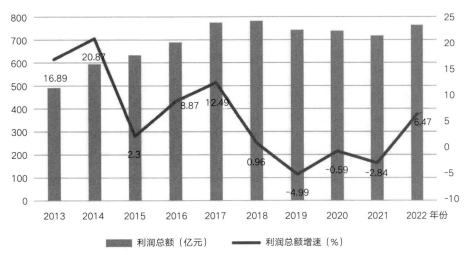

图 1-4 2013～2022 年智能建筑业企业利润总额及增速
（数据来源：2022 年建筑业发展统计分析）
注：智能建筑产值统计数据不包括建筑业以外的产值统计数据。

总体上看，智能建筑市场竞争激烈，企业成本逐年上升，叠加各种因素，企业盈利状况的改善仍不均衡，中小微企业由于市场和转型压力，利润下降，而大型总承包企业和大型国企受益于总承包模式和新基建市场等政策效应，利润增长较快，面对国内庞大的人口市场、新基建和新城建政策的推动，行业市场有望持续平稳地发展。

1.4.2 市场分布

智能建筑分为新建、扩建和改建的住宅、办公、旅馆、文化、博物馆、观演、会展、教育、金融、交通、医疗、体育、商店等民用建筑及通用工业建筑等。根据 2022 年中国建筑业协会统计分析，全国建筑业企业房屋竣工面积构成如下：住宅竣工面积占最大比重，为 64.28%；厂房及建筑物竣工面积占 15.36%；商业及服务用房竣工面积占 6.48%；其他种类房屋竣工面积占比均在 5% 以下，如图 1-5 所示。

智能建筑市场按区域划分为华北、东北、华东、中南、西南和西北六大区域。全国智能建筑的产值主要集中在华北、华东和中南地区，主要分布在北京、上海、江苏、浙江、安徽、福建、江西、山东、河南、湖北、湖南、广东、广西和海南等省市。2022 年江苏省智能建筑产值达到 700 多亿元，浙江省智能建筑产值达 400 多亿元，两省智能建筑总产值占全国智能建筑总产值约 20%。江苏、浙江、广东、湖北、四川、山东、福建、河南、湖南、北京、安徽、江西、重庆、陕西和上海等 15 个省市智能

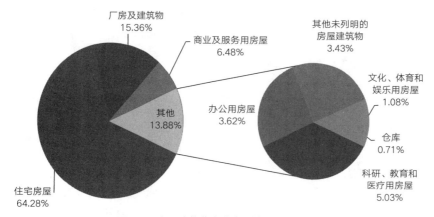

图1-5 全国建筑业企业房屋竣工面积构成
（数据来源：2022年建筑业发展统计分析）

建筑的产值均超过160多亿元，上述15个地区智能建筑总产值约占全国智能建筑总产值80%，如图1-6所示。

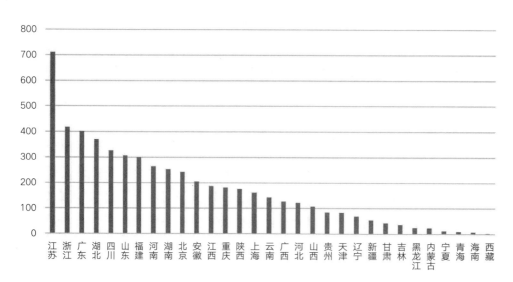

图1-6 2022年各省、自治区、直辖市智能建筑总产值（亿元）
（数据来源：2022年建筑业发展统计分析）
注：智能建筑产值统计数据不包括建筑业以外的产值统计数据。

受各省市经济发展和人口密度等条件影响，目前智能建筑的重点投资区域集中在沿海地区和一、二线省会城市。未来行业的重点发展地区在保持现状的同时，将向中西部均衡发展。

1.5 企业现状

1.5.1 企业概况

智能建筑企业所从事的智能建筑工程涵盖了信息通信、计算机网络、音视频、自动化控制、安全防范、信息应用和运维管理等不同专业领域的智能化系统、设备安装、调试和运维等。其中获得高新技术认证的企业，一般具有智能建筑相关软件和硬件等产品的研发能力，企业承包智能建筑工程必须具备建筑智能化工程专业承包资质。

随着新一代信息技术的发展，市场对建筑智能化系统配置、建筑信息安全，以及建筑环境、健康舒适和绿色低碳等功能要求的提升，智能建筑市场已不再局限于传统的智能化设计、施工和系统集成企业，近五年来，互联网公司、软件供应商、专业咨询公司等企业结合自身优势纷纷进入智能建筑行业，目前在智能建筑产业链的中上游，已经形成不同类型企业竞争市场的格局，其中包括智能建筑企业、建筑工程企业、通信运营商、建筑设计院、机电类咨询企业、互联网企业、软件和硬件供应商以及管理战略咨询企业等，行业面临着激烈的市场竞争和挑战。

从行业市场、技术特征、企业核心竞争力以及行业发展趋势分析，行业集中度整体呈上升趋势，主要有以下三个方面原因：

（1）市场对智能化需求增加以及智能化技术的快速迭代发展，小型企业由于研发、人才和资金等因素的限制，将会退出市场竞争行列；

（2）在国家对行业管理，以及智能建筑项目招标投标逐步规范化和透明化的背景下，对企业规模和资质、行业经验、从业人员的资格和等级要求越来越高，大型企业在招标投标中更易胜出；

（3）目前大量的小型企业的市场主要依靠住宅地产开发，尤其在二、三线城市，国家对房地产业的调整对这类企业的冲击较大，从业企业将持续呈下降趋势。

中国建筑业协会绿色建造与智能建筑分会连续18年在会员单位内开展智能建筑企业工程量（合同额）统计工作，统计内容包含：年度主要业务合同额，包括智能建筑、智慧城市建设、智慧园（社）区、智慧交通和智慧管廊等的工程咨询、工程设计、工程总包、工程分包和工程维保有效合同等，统计企业覆盖全国大部分省市自治区，为建设主管部门制定政策和制定行业发展规划提供数据支持，本报告选取了2021年度智能建筑行业工程中的国内代表性企业如下（排名不分先后）。

同方股份有限公司、太极计算机股份有限公司、中建三局智能技术有限公司、讯飞智元信息科技有限公司、北京泰豪智能工程有限公司、浙江中控信息产业股份有限公司、北京瑞拓电子技术发展有限公司、苏州朗捷通智能科技有限公司、中建电子信息技术有限公司、银江技术股份有限公司、捷通智慧科技股份有限公司、中建八局第二建设有限公司、深圳达实智能股份有限公司、厦门万安智能有限公司、北京中电兴发科技有限公司、北京中航弱电系统工程有限公司、北京江森自控有限公司、北京时代凌宇科技股份有限公司、安徽省安泰科技股份有限公司、海峡创新互联网股份有限公司、浙大网新系统工程有限公司、恒锋信息科技股份有限公司、思创数码科技股份有限公司、上海市安装工程集团有限公司、南京东大智能化系统有限公司、北京通建泰利特智能系统工程技术有限公司、冠林电子有限公司、北京长城电子工程技术有限公司、杰创智能科技股份有限公司、江苏东大金智信息系统有限公司、广东兆邦智能科技股份有限公司、中核弘盛智能科技有限公司、厦门柏事特信息科技有限公司、盛云科技有限公司、上海益邦智能技术股份有限公司、宏景科技股份有限公司、中博信息技术研究院有限公司、航天科工广信智能技术有限公司、中建八局第一建设有限公司、广东省信息工程有限公司、南京恒天伟智能技术有限公司、中国通广电子有限公司、北京益泰牡丹电子工程有限责任公司、北京亚洲卫星通信技术有限公司、陕西建工智能科技有限公司、重庆思源建筑技术有限公司、北京益泰电子集团有限责任公司、广东省工业设备安装有限公司、天筑科技股份有限公司、浙江德方智能科技有限公司、南京熊猫信息产业有限公司、苏州中亿丰科技有限公司、上海延华智能科技（集团）股份有限公司、中鸿达信息科技有限公司、卓源信息科技股份有限公司、合肥皖信信息工程有限责任公司和北京国安电气有限责任公司。

1.5.2 企业分布

　　智能建筑行业的发展受所处地域的经济水平、城市化水平和地理环境等多种因素的影响，不同地区的智能建筑需求层级和投资规模差别较大，区域性特征十分明显。当前我国经济发展呈现地区不平衡的特征，长三角、珠三角、环渤海和粤港澳大湾区等区域经济发展水平整体要高于其他地区，这类地区的智能化市场具有应用需求多、投资规模大和不同类型企业数量多等特点，由此形成智能建筑市场的良性和可持续发展。企业大多集中在经济发达、交通便利和市场资源集中的大中城市，以分布在北京市及周边、华东地区、浙江省以及广东省等区域为主，内陆省份企业较少。

1.6 业务现状

智能建筑领域核心业务为新建、扩建和改建的住宅、办公、旅馆、文化、博物馆、观演、会展、教育、金融、交通、医疗、体育、商店等民用建筑及通用工业建筑的智能化系统工程,以及由智能建筑业务延伸至园区、社区和城市基础设施等相关领域的智能化系统工程及信息化融合配套工程。目前,核心业务由智能建筑、智慧园区和智慧城市三大板块组成。

1.6.1 业务流程

智能建筑业务流程（IBBP,Intelligent Building Business Process）是将工程建设过程中包括立项、规划、设计、招标投标、施工、竣工验收和运维管理等作为一个整体,按照智能建筑工程具有技术含量高、施工周期长、风险高和涉及专业单位多等特点,形成衔接各个环节的系统化管理。根据我国目前的工程组织方式,智能建筑业务内容和流程划分为四个阶段,即智能化立项阶段、智能化设计阶段、智能化施工阶段和智能化运维阶段,如图1-7所示。

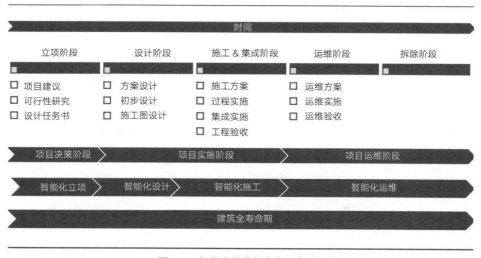

图1-7 智能建筑业务内容和流程划分

"十四五"期间,我国建筑业全力推进工程总承包建设模式和全过程工程咨询服务,以期通过完善工程建设组织与管理模式推动建筑业企业增强核心竞争力。智能建筑工程各阶段通过运用工程综合信息平台，创建、管理及共享同一完整的工程信息，减少工程建设各阶段衔接及各参与方之间的信息管理，提高了工程的建设效率。行业目前的业务流程和各阶段的工作，基本具备了向工程总承包建设模式和全过程工程咨询服务组织模式过渡的良好基础。

1. 智能化立项阶段

项目立项主要文件包括立项建议书、立项可行性研究等，建议书从整体上描述项目的定义、用户需求、关键技术和项目计划等总体要求。重大项目智能化专业部分，一般由专业设计或技术咨询单位提供调查报告和初步规划方案，形成文档后提交决策层做决策。

2. 智能化设计阶段

智能建筑设计咨询是行业综合性的专业技术服务，其特点是跨智能化系统、信息化系统和新一代信息技术应用等多技术领域的专业化咨询和设计。包括前期总体规划、方案设计、初步设计、施工图设计、施工配合及配套服务等多个环节，它是智能化工程的关键一环。

3. 智能化施工阶段

施工与集成阶段，目前行业采用智能化工程总承包模式，即按照与建设单位签订的合同，对智能建筑工程设计、采购、施工等实行全过程承包，并对工程的质量、安全、工期和造价等全面负责的工程建设组织实施方式。智能建筑工程的系统集成是实现智能建筑功能的关键，智能建筑工程施工阶段与一般建筑电气安装施工的区别在"系统集成"的施工，包括通信接口软硬件系统开发、控制系统编程和组态、集成平台定制以及系统集成联动调试等专业施工。智能建筑工程具有较高的技术含量，需要协调机电各个专业配合协同，并通过总承包组织模式进行资源优化配置，减少管理环节和优化管理链。

4. 智能化运维阶段

智能建筑工程运维服务，从项目交付阶段的验收结束开始实施，贯穿项目运营管理的全过程，在智能建筑工程全寿命期管理中具有举足轻重的地位。2017年住房和城乡建设部发布《建筑智能化系统运行维护技术规范》JGJ/T 417—2017，围绕智能建筑全寿命期管理的核心要素，定义了智能建筑系统的运维内容，包括系统运行、系统维护、相关维修及系统优化四个部分。目前，智能建筑行业运行维护的对象包括《智能建筑设计标准》GB 50314—2015 规定的系统及相关专业系统。

1.6.2 智能建筑

1. 智能建筑系统集成工程

智能建筑板块涵盖智能建筑全寿命期的各个阶段业务，包括建筑各业态的设计咨询、智能化系统集成工程和信息系统融合工程等业务。智能建筑系统集成作为智能建筑的核心技术，随着智能建筑应用需求的变化和集成技术不断迭代发展，在实现智能化系统信息集成和应用系统互联的基础上，智能化集成系统（IIS, Intelligent Integration System）近年发展呈现如下的新特点和发展趋势：

（1）数字孪生可视化大数据平台模式。IIS采用 IoT 物联网架构，以云计算加边缘计算的网络控制引擎，将云计算、大数据、物联网、移动互联网、人工智能、BIM 和 GIS 等技术融合为一体，并整合强弱电为一体化，实现移动互联跨平台云化集成管理。IIS 以数据共享、深度挖掘和策略分析等手段解决数据和业务整合，以场景应用结合不同建筑类型形成智慧化应用。如智慧医院建设，经过 IIS，形成 AI+5G+大数据+健康+节能的智慧医院应用场景，用户界面向基于 Web 技术界面、3D 超引擎界面发展，特别是基于 BIM 的数字孪生结合，呈现为虚拟化和动态化的仿真界面。

（2）安全防范集成平台模式。基于人工智能算法和技术迭代，以视频监控、门禁控制和相关子系统等安防系统为核心，利用物联网、大数据、人工智能技术，采用三维实体建模方式，将空间和定位技术相结合，实现人机交互，联动联防及智能化分析管理，形成直观的安全监管平台。

（3）新能源集成平台模式。基于"双碳"目标和新能源应用，以新能源应用、能源柔性调度以及水、电、气监测等为特色的综合能源集成平台，在此基础上形成综合能源管控一体化平台，实现对能源关键要素的监管，统筹多能源管理目标，提高能源利用效率，实现低碳和节能减排。

（4）BIM 集成平台模式。基于 BIM 技术实现建筑全信息集成与管理，以 BIM 技术为核心的建筑三维模型数据库，集成建筑全寿命期的所有工程项目信息，实现多维度的全信息集成。

2. 建筑节能改造工程

我国的城镇化建设及其产生的 CO_2 排放量和建筑能耗，正随着建设规模呈逐年上升趋势。根据中国建筑节能协会 2023 年发布的《2022 建筑能耗与碳排放研究报告》显示，2020 年全国建筑全过程能耗总量为 22.7 亿 tce，占全国能源消费总量的比重为 45.5%，碳排放总量为 50.8 亿 tCO_2，占全国碳排放的比重为 50.9%，其中建筑运行阶段碳排放 21.6 亿 tCO_2，占全国碳排放的比例为 21.7%。按照国家"2030 年碳达峰，2060 年碳中和"的目标要求，是否完成建筑领域的节能指标对我国能否实现 2060 年碳中和目标极为关键。

建筑节能改造工程是建筑节能工程的重要部分，主要围绕既有建筑按照节能标准进行达标改造，采用节能型的技术、工艺、设备和材料，提高设备系统效率，加强建筑物用能系统的运行管理，同时利用可再生能源，在保证室内环境质量的前提下，减少建筑的能耗。目前建筑节能改造的理念、方法和技术发展路径为"节能—减排—低碳—近零碳"。参照《建筑节能与可再生能源利用通用规范》GB 55015—2021，采取轻量级、标准级和重量级三种技术模式，三者技术模式的关键不同点在于设备节能改造实施和投入产出比；采用四个基本步骤：节能调研和诊断、节能方案编制、设备节能改造实施、效果对比和审计等进行既有建筑改造。

根据项目和使用技术的不同，建筑节能改造围绕着围护结构、机电设备、新能源系统等展开进行。根据《公共建筑节能设计标准》GB 50189—2015 的要求，新建建筑、冷热源、输配系统、照明系统须加装独立分项计量系统；围护结构（外墙保温）热工性能要求提高 5%～15%；严寒地区建筑外墙传热系数降低 5%～20%；节水器具用水效率使用为 2 级或 3 级；热泵机组 *COP* 提高 6%～12%，空调系统加装变频和 AI 系统；供配电系统提高功率因数，降低谐波干扰；照明系统采用自动控制和高效节能 LED 设备，照明功率密度不高于国家标准。大部分节能改造项目要求综合节能率，尤其是大型公建（建筑面积大于 2 万 m^2）节能率不低于 20%。建筑节能改造工程与绿色建筑密切相关，节能预设和改造指标参照《绿色建筑评价标准》GB/T 50378—2019，其等级划分由低到高为一星级、二星级、三星级。建筑的"碳达峰，碳中和"是绿色建筑建设的延伸和延续，其包含的综合指标体系用以指导节能改造工程的全过程。

近十年来行业在能耗监测、节能改造和节能服务模式等方面进行了持续的研发和市场应用，在建筑节能改造工程领域取得了良好的社会和经济效益，归纳总结其技术和服务模式如下：

（1）能源监管。节能监测平台根据用能单位预算及计划，制定能效管理全流程方案，实现对建筑分类分项能耗实时数据的采集、处理、分析以及信息发布等功能，为建筑用能单位的能源消耗管理提供全面的数据依据。

（2）智能控制。①供热供冷控制：基于自控系统，除能完成对通风空调系统、锅炉系统等供冷供热各部分监控，根据实际负荷进行有效控制，采用人工智能方式和机器学习方式能够自我学习，产生了良好的节能的效果；②用水控制：设置用水远传计量系统、水质在线监测系统，分类、分级记录、统计分析各种用水情况，采用自动控制系统实现节水的效果；③灯光控制：采用自动调光系统，人工照明随自然光照度变化自动调节或按照时间编排，减少照明能耗；④环境监控：设置PM_{10}、$PM_{2.5}$和CO_2浓度等空气质量监测系统，与其他系统共享数据，提供系统联动的依据；⑤智能遮阳：基于控制网络的技术，系统依据当地气象资料和日照分析结果，按照设定的时段，控制不同朝向的百叶翻转角度，同时根据情况建立遮挡控制模型自动运行。

（3）新能源应用。①太阳能及光伏一体：配置太阳能光热和光电设备、建筑面外层装配轻型一体化光伏墙体，内层使用真空玻璃，实现自发电的同时，呈现出外观个性化和不同的采光效果。光伏组件智能控制，以需求调整光伏组件开启角度以达到最佳的受光角度。②风光储互补系统：采用风光储互补系统提供绿色能源，解决部分设备能耗。风光储互补发电系统，集风能、太阳能及储能等多种发电技术，以及系统智能控制技术为一体的复合可再生能源发电系统。③大功率直流充电和无线充电系统：包含储能技术在内的电动（汽车，自行车）充电桩可根据不同的电压等级为安装于公共建筑区域的各种型号的电动汽车、自行车提供电力保障的充电设备，系统对用电终端进行监控管理，平滑电网负荷曲线，提高利用率。④其他技术：内外保温技术、磁悬浮机组、空气源和地源等热泵技术、蓄冷系统供冷、热电联产、区域能源站、微电网和园区综合能源网等节能设备和技术。

（4）合同能源管理。国家积极推动合同能源管理模式在我国节能产业中的应用，出台了多项政策支持这种模式的推广，如国务院《关于加快推行合同能源管理促进节能服务产业发展意见的通知》《中华人民共和国国家标准合同能源管理技术通则》《合同能源管理项目财政奖励资金管理暂行办法》《关于落实节能服务企业合同能源管理项目企业所得税优惠政策有关征收管理问题的公告》和《关于鼓励和支持公共机构采用能源费用托管服务的意见》等文件。我国引入合同能源管理模式后，经过近年来的推广和实践，在建筑和工业等领域得到了很大的发展，相当程度地解决企业节能方面的技改资金，取得良好节能效果和经济效益，同时形成了有中国特点的节能环保产业，并在发展过程中衍生出节能效益分享型、能源费用托管型和节能量保证型三种基本类型。目前从事合同能源管理项目的节能服务公司发展十分迅速，已经逐渐发展成为新兴节能产业。

智能建筑企业在建筑机电设施自动化控制、节能改造和信息化管理等跨界领域的技术和工程优势，使其成为合同能源管理市场最重要的参与者。合同能源管理是一种节能服务机制，通过节能服务公司（ESCo）与用能单位以契约形式约定项目的节能目标，并以实现节能目标向用能单位提供必要的服务，用能单位以节能效益支付节能服务公司的投入及其合理利润。其优点为：①用节能费用支出改造费用，减少企业的成本支出；②专业化服务，节能效果得到保证，同时减少企业技术风险、财务风险等；③改造设备能效，更新节能设备，减少运行成本和能耗，减少企业的碳排放量；④能产生良好的社会效益、经济效益、环保效益等。从行业多年改造经验来看，采用合同能源管理模式项目取得成功的关键在于投资成本与投资收益保持平衡。

1.6.3 智慧园区

智慧园区依托云计算、大数据、物联网、移动互联网、人工智能、BIM、GIS和5G等新一代信息技术，通过建立智慧园区平台和各专业智能化系统，为园区管理、服务、产业和企业经营提供数字化环境，形成数据要素持续聚集，技术场景不断融合的园区数字化生态。智慧园区打破了时间与空间的壁垒，使园区的资源管理和企业服务智慧、高效和低碳环保，成为智慧城市其中高效运作的组成单元。

行业在智慧园区建设中，从园区总体规划、智慧园区详细设计、园区运营平台建设和园区智能化系统集成工程等全过程参与建设，保证了智慧园区建设落地，智能建筑行业在智慧园区建设中积累了大量的技术和施工经验，形成了针对各类智慧园区的解决方案，主要在以下五个方面进行了创新：①产业发展：促进园区产业发展、形成产业集群、降本增效，融入数字经济发展浪潮，吸引高端人才入园进企。②空间营造：为园区员工提供安全、健康的工作环境和便捷、舒适的生活空间，以及充满活力和激发创新的社交场所。③打通平台：为商家提供可连接线上线下的平台，为园区提供商业服务能力。④智慧运营：为园区运营商增强园区运营能力，营造绿色节能、碳中和的园区环境，提升园区经营效率。⑤服务延伸：政府通过城市大脑连接至园区，让政务服务延伸，打通"最后一公里"。目前智能建筑企业已经成为园区数字化转型建设的主力军。

1.6.4 智慧城市

智慧城市是运用云计算、大数据、物联网、移动互联网、人工智能、BIM和区块链等新一代信息技术，全面感知城市的运行状态，提高人与物、物与物之间的交互执行和灵活响应，通过对物理现实空间中的各种实体对象更加精确、智能和直观地控制和展现，达到信息虚拟空间和物理现实空间的同步互动，并通过海量的信息收集和存储分析能力，为更智慧的决策和行动提供支持，实现提高政府公共服务水平、企业竞争力和市民生活质量的目标。

图1-8展示了全球在建智慧城市数量与各国家地区在建智慧城市项目的占比情况，其中智能建筑作为智慧城市项目的组成部分，亚洲的占比最大，中国已经成为全球智慧城市建设的热土，在建智慧城市项目500项，数量远超其他国家。

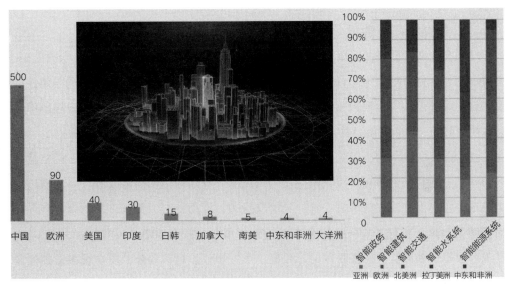

图1-8　全球在建智慧城市数量与各国家地区在建智慧城市项目的占比
（数据来源：德勤研究）

我国的智慧城市建设正处于重要的结构转型期，国家"十四五"规划和2035年远景目标中指出"分级分类推进新型智慧城市建设""建设智慧城市和数字乡村"智慧城市建设正在以信息资源的开发利用、"两化融合""五化并举"和"三网融合"的战略部署落地实施。目前，我国智慧城市建设的主要模式是信息基础设施建设先行、以社会服务与城市管理应用为突破口、以产业驱动城市经济发展。

智能建筑行业在智慧城市建设中，具有信息基础设施智能化工程、信息化融合配套工程，以及技术、人才和相关产品研发制造的丰富经验，正在成为我国智慧城市建设中一支重要的专业队伍。

1. 平安城市建设

平安城市建设是新一代信息技术融合城市指挥调度自动化等先进信息技术，与公共安全运行管理机制相结合，建立信息、法规、组织、事件、资源和过程等要素有机协同的公共安全管理技术支撑体系，以维护城市安全运行、实现智慧应急管理、保障城市稳定发展。

平安城市建设为智能建筑行业的产业带来了拓展和延伸的机会，在视频监控、定位监控、数据共享等公共设施建设的基础上，通过平安城市建设将业务扩展到城市应急指挥、智能交通管理、数字城市管理、城市环境保护等多个城市领域的应用，为智能建筑行业创造了从建筑工程到城市服务的契机。

2."雪亮工程"建设

"雪亮工程"即公共安全视频监控建设联网应用工程，以"全域覆盖、全网共享、全时可用、全程可控"为总目标，推动重点公共区域、重点行业和领域的视频监控系统建设。通过公共安全视频监控系统联网，整合各类视频图像资源，实现视频图像信息在治安防控、城乡社会治理、智能交通、服务民生、生态建设与保护等领域应用。"雪亮工程"以县、乡和村三级综治中心为指挥平台、综治信息化应用为支撑、网格化管理为基础、公共安全视频监控联网应用为重点的"群众性治安防控工程"。它通过三级综治中心建设把治安防范措施延伸到群众身边，发动社会力量和广大群众共同参与治安防范，真正实现治安防控"全覆盖、无死角"。截至2020年"雪亮工程"基本实现公共安全视频监控建设联网的总目标，下一步建设目标是公共安全视频监控建设联网的共享与应用。

"雪亮工程"与天网工程和平安城市的建设模式不同，后者的参与主体主要是公安部门，以城市报警联防为中心，而"雪亮工程"不仅需要地方政府的大力支持，还需要社会企业和群众一起协力建设，在这种背景之下，智能建筑企业纷纷加入了"雪亮工程"的建设队伍之中，在国家一系列政策的支持下，从技术、资金和工程建设等全方位投入，"雪亮工程"不仅提高了人民群众的安全感和幸福感，还提高了全民的责任意识，以社会效益来带动经济效益，促进区域经济可持续发展。

3. 智慧社区建设

城市更新已上升为国家战略，其包含了发展理念更新、城市物质形态更新、城市治理体系更新和城市建设模式更新等四方面的深刻内涵，成为新时期推动城市高质量发展和开发建设方式转型，提升人居环境品质的重要战略举措。

智能建筑行业在城市更新设施建设中，具有独特的行业优势，企业广泛运用已积累的数字化、智能化、智慧化和低碳化等多项新技术和项目经验，在社区和住宅小区的新建、整治改善、再开发、保护修缮及体现人文关怀等城市更新项目中，针对城市更新不同类型的社区，形成了智能化综合解决方案，赋能城市更新目标的实现。

（1）社区公共服务设施供给。以各地的"十五分钟社区生活圈"建设为抓手，通过智能建筑智能化工程赋能城市更新。以闲置厂房、仓库和公有物业划拨等存量空间资源，建设教育、医疗卫生、托育和养老等公共设施建设，对老旧低效楼宇和传统商业设施进行改造利用，完善便利店网点配置，支持各类便民生活服务项目等。

（2）社区生活环境品质化改造。通过对既有建筑节能、节水改造、适老化和无障碍设施改造、社区基础设施绿色化、社区信息化和智能化水平提升、社区生态环境建设及推动社区政务服务等措施，不断提升社区居民的获得感、幸福感和安全感。

（3）开发智能物业平台。运用新一代信息技术，建立智慧物业管理服务平台，通过在电梯、消防、燃气和给水排水等重要设施设备布设传感器，提升设施设备智能化管理水平，提高社区风险防控和防灾减灾能力。通过企业自建平台与城市综合管理服务平台对接，向上推动小区居民、房屋及设施设备等静态数据到社区和城市管理部门，向下推动政务、养老、便民和城市管理等服务动态数据进小区，提升物业管理质量和服务水平。

（4）推进建筑数据整合。通过建立建筑应急和预警信息资源的共享机制，提升建筑与城市的安全风险监测预警水平；以社会资源接入平台对接城市接警平台，推动立体化社会治安防控体系建设；整合智能建筑用能数据的共享机制，为削峰填谷、按需供能及调整能源供给方式等提供数据依据；整合公共建筑停车场数据等公共资源，以提升城市资源的利用效率。

4. 数据中心工程

数据中心是数字化时代的"新基建"，它是算力的生产和供应中心。数据中心是一整套系统化的基础设施，包括电力供应系统、空调制冷系统、环境监测与控制设备、各种安全防范装置以及综合运维管理平台等，为IT基础设施提供良好运行的环境。数据中心的建设正在向标准化、绿色化和智能化的方向发展。目前，标准模块化建设方案，可大幅缩短数据中心的建设周期，节省投资成本，降低运维难度；太阳能、风能等可再生能源的应用，能有效提升绿色电能使用率，减少碳排放；人工智能、数字孪生等技术的引入，可显著提升数据中心运维效率，助力数据中心向精细化和自动化转变。

随着国家对战略性新兴产业的推进，数据中心市场迎来了前所未有的发展机遇。《"十四五"数字经济发展规划》中指出：加快实施"东数西算"工程，提升数据中心跨网络、跨地域数据交互能力，强化算力统筹和智能调度，持续推进绿色数字中心建设。算力是数字经济时代的重要驱动力，是推动人工智能、大数据、物联网和区块链等技术创新与应用的基础支撑,是国家数字经济的"基础底座",直接决定了国家的数字竞争力。2022年2月,国家发展和改革委员会、中央网信办、工业和信息化部、国家能源局联合印发通知,宣布全面启动全国一体化大数据中心协同创新体系建设,在京津冀、长三角、粤港澳大湾区、成渝、内蒙古、贵州、甘肃、宁夏等八地建设国家算力枢纽节点,并规划了10个国家数据中心集群,大力推动"东数西算"工程,如图1-9所示。

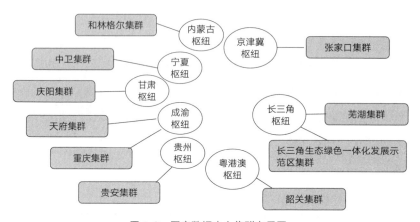

图1-9 国家数据中心集群布局图
(数据来源:中国建筑业协会绿色建造与智能建筑分会)

行业在数据中心建设中,以全寿命期服务为特色,成为专业化工程承包的主力军。业务涵盖从支撑信息基础设施运行出发,分析当前主流业务需求与类型,对数据中心的规模、容量、等级、平面布局、机电设备、装潢和绿色节能等进行全面规划设计、专业化施工和基础设施运维。随着数据中心规划建设的需求和关键技术不断升级和迭代,例如,实现绿色低碳数据中心的技术应用、模块化机房的系统产品研发、超算中心空间和系统的可扩展性等,行业的专业化优势将更加有用武之地。

5. 智慧管廊建设

2022年7月住房和城乡建设部、国家发展和改革委员会联合发布《"十四五"全国城市基础设施建设规划》,其中要求"因地制宜推进地下综合管廊系统建设,提高管线建设体系化水平和安全运行保障能力,在城市老旧管网改造等工作中协同推进综合管廊建设"。综合管廊(utility tunnel)是指建于城市地下用于容纳两类及以上城市工程管线的构筑物及附属设施。作为城市供给的生命线,综合管廊为8大类20余种工程管线提供安全的运行环境。综合管廊由管廊本体、附属设施以及敷设在其中的城市工程管线共同构成，通常在城市及园区等区域的道路或绿化带下建造，它能实现管线"规划、设计、投资、建设、管理和维护"六个统一，是保障城市运行，改善城市人居环境的重要市政公用设施。"智慧管廊"综合运用自动化、物联网、地理信息系统、人工智能和建筑信息模型等先进技术手段，智能感知综合管廊本体、结构、管线和附属设备设施的运行情况，深度协同各相关子系统，并通过智能化管控平台对综合管廊统一监控、高效协同、精细管理、智能分析、辅助决策和应急处置，实现综合管廊全寿命期管理的自动化和智能化。近年来政府已将其纳入国家顶层设计，并出台大量政策规范和指导意见。

行业企业运用智能化和信息化技术，研发智慧管廊监控管理平台，并积极参与各地的智慧管廊建设，为更好地服务于城市重要地下基础设施建设打下了基础。

第 2 章

行业体系建设及新技术应用

2.1 行业体系建设

智能建筑行业通过不断积累在跨技术领域形成的融合应用的优势,并持续努力地建设标准体系、技术体系、工程体系、产业体系和人才体系等五大专业体系,已经形成了建筑行业中一个重要的专业领域。在国家推动行业发展的同时,经过行业协会积极引导,企业联合科研机构共同推进技术进步,激活了建设工程市场需求,并积极参与市场竞争,取得了较好的经济效益,创造了良好的社会和环境效益。

2.1.1 标准体系

在国家数字化转型、绿色低碳、城市更新和信息安全等战略引领下,以及智能建筑领域新技术、新应用、新业务和新模式发展的驱动下,国家相关标准规范也在不断新编、升级和修订,涵盖了设计、施工、验收、运行维护、检测等各个环节,针对智能建筑全寿命期中的各个环节、各类子系统、不同建筑类型和技术应用等的现行国家标准体系基本趋于完善。

2017年住房和城乡建设部会同有关部门发布了《工程建设标准体制改革方案(征求意见稿)》,针对工程建设标准(以下简称"标准")存在的刚性约束不足、体系不尽合理、指标水平偏低、国际化程度不高等问题,明确了标准体系改革的思路和方法。改革后的工程建设标准体系将包括国家强制性标准、行业推荐性标准和协(学)会团体标准三个层次。其中,协(学)会组织编制发布是满足市场多样化需求、科技快速发展变化的一种新的标准供给途径。

本次改革的主要内容对行业的发展将产生深远的影响:(1)建立以工程建设技术法规为统领、标准为配套、合规性判定为补充的技术支撑保障新模式。强制性工程建设规范体系覆盖工程建设领域各类建设工程项目,分为工程项目类规范和通用技术类规范两种类型。项目规范以工程建设项目整体为对象,以项目的规模、布局、功能、性能和关键技术措施等五大要素为主要内容。通用规范以实现工程建设项目功能性能要求的各专业通用技术为对象,以勘察、设计、施工、维修、养护等通用技术要求为主要内容。标准分为国家标准、行业标准、地方标准、团体标准、企业标准。鼓励第三方专业机构特别是公益类标准化机构,对已发布的团体和企业标准内容是否符合工程规范进行判定;(2)实施标准的国际化战略,推动中国建造走出去。加强与国际标准对接,对发达国家、"一带一路"沿线重点国家、国际标准化组织的技术法规和标准,加强翻译、跟踪、比对和评估。创建中国工程规范和标准国际品牌,完善中国工程规范和标准外文版的同步翻译、发布、宣传推广等工作机制,深入参与国际标准化活动,支持团体、企业积极主导和参与制定国际标准,将我国优势、特色技术纳入国际标准。推动与主要贸易国之间的标准互认,减少和消除技术壁垒,鼓励团体、企业承担国际标准组织技术机构秘书处工作,开展长效合作,推广中国技术;(3)强化保障措施,确保改革任务落实到位。修订建筑法等有关法律法规,制定工程建设标准化条例,成立国家工程建设标准化研究院,建立国家级的工程规范和标准的中国特色新型智库。成立全国工程规范专家委员会,完善现有标准化技术委员会,推进标准化学历教育,编制相关教材,鼓励和支持开设国际建筑标准化课程。开展全覆盖、多层次、经常性的标准培训,将其纳入执业人员继续教育、专业人员岗位教育和工人培训教育。

2021年以来,国家陆续批准实施以及即将批准实施的一批与智能建筑相关的全文强制性工程建设通用规范和项目规范,废止了现行标准中分散的强制性条文,进一步完善了智能建筑国家标准体系,保障了智能建筑的高质量发展。

1. 标准体系构成

智能建筑行业不仅需要先进的设计技术理念,更需要在设计、产品、施工、检测、验收、运维和评估每个环节严控把关。了解和掌握每个环节的产品标准和工程建设标准,方能促进和引领智能建筑的发展。因此,在进行智能建筑标准体系的构建时,遵循智能化技术构成特点,兼顾技术之间发展关系的思路,综合智能化系统设计要素,从技术、产品和管理三个维度确定标准体系的内容,如图2-1所示。

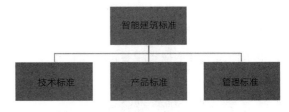

图2-1 智能建筑标准体系构建三个维度

2. 标准体系层次划分

按照《标准体系构建原则和要求》GB/T 13016—2018的规定和要求,本报告将智能建筑标准体系按基础标准、通用标准和专用标准进行竖向层次划分。同时,考虑到智能化系统工程整体架构规划,是基于建筑本体物理组态的状况和其实现功能的目标,并以提升建筑的"智能"及信息传递为导向的技术主线展开,从而形成由若干智能化设施或智能化系统组合的工程架构形式。因此，在竖向层次的基础上，按照智能化系统工程的设计要素，标准体系的横向层次划分按照信息化应用系统、智能化集成系统、信息设施系统、建筑设备管理系统、公共安全系统、应急响应系统及机房工程进行划分。

（1）基础标准：表示智能建筑标准中普遍使用并可作为其他标准的基础技术依据，明确规定了其他标准均应遵守符合的要求，一般包括名词术语标准、图形符号标准等。

（2）通用标准：表示智能建筑标准中重要的，体现智能化设计共性的标准，可以作为专用标准的依据，本体系中通用标准主要包括智能化设计要素中各个系统的设计标准。

（3）专用标准：该类标准适用范围明确，针对性较强。体现了专业的特点和具体要求，直观反映行业或专业的技术发展、产品迭代和管理进程。本体系中主要包括BIM信息技术、绿色低碳管理和产品标准等。

3. 标准收录范围

智能建筑标准目前主要分为工程建设标准和产品标准。工程建设标准主要包括《智能建筑设计标准》GB 50314—2015、《智能建筑工程质量验收规范》GB 50339—2013等多项已发布的标准，产品标准方面主要包括《建筑及居住区数字化技术应用》系列标准、《建筑自动化和控制系统》系列标准以及《智慧城市》系列标准等多项已发布的标准及在编标准。标准体系收录范围如下：（1）收录国家全文强制性规范；（2）本报告以工程建设领域内的建筑设计为主，收录国家、行业主要智能设计标准，延伸部分至智能建筑施工验收、实施及评估规范；（3）收录的国家行业标准状态均为已发布的现行国家标准，本体系暂不纳入制定、修编或修订状态的相关标准；（4）地方标准、团体标准不纳入本体系中；（5）收录与智能化相关的主要产品标准。

我国目前有多个标准化组织或行业协会开展了智能建筑标准的研究和制定工作，结合本报告中智能建筑标准体系的收录范围，体系中的标准规范数据按如图 2-2 所示路线进行收集和汇总。

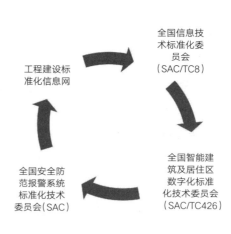

图 2-2　标准数据获取路线图

4. 标准体系结构

根据国务院、住房和城乡建设部标准化改革的要求，工程建设标准分为两部分：一部分是全文强制性规范，是保障人民生命财产安全、人身健康、工程安全、生态环境安全、公众权益和公共利益，以及促进能源资源节约利用、满足经济社会管理等方面的控制性底线要求；另一部分是推荐性标准。全文强制性标准为国家标准，推荐性标准可为国家标准、行业标准、地方标准和协会标准。全文强制规范具有强制约束力，对工程建设标准体系整体而言，处于标准体系的最"顶层"，其他各层级标准必须符合强制性规范的相关规定，不得突破强制性规范的底线要求，是技术法规的重要组成部分。本报告将全文强制性规范纳入标准体系，遵循国家标准体系原则和要求，体现标准体系的科学性和层次化、依据智能建筑系统架构和类型，具有明确的针对性和具体化，如图2-3所示。

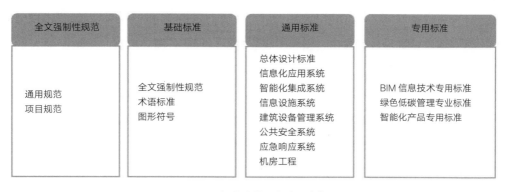

图2-3 智能建筑标准体系结构

5. 现行标准统计分析

我国"十四五"时期进入数字中国建设的新阶段，建筑业"十四五"发展规划提出了构建先进适用的智能建造标准体系的目标，推广数字设计、智能生产和智能施工，加快推进建筑信息模型（BIM）技术在工程全寿命期的集成应用，健全数据交互和安全标准，强化设计、生产、施工各环节数字化协同，打造建筑产业互联网平台，智能建筑工程相关标准也必将随着产业的发展而进一步更新和完善。建筑业发展规划还提出了推进工程建设标准国际化的目标，智能建筑国家标准将积极加强与有关国际标准化组织的交流合作、参与国际标准各项工作、加快标准外文版编译、鼓励重要标准制定修订同步翻译，并加强在"一带一路"建设工程中的推广应用。

建筑数字化技术和BIM技术在工程实践中得到广泛的应用，对建筑设计的工作模式、生产效率产生了深远的影响。近十年，围绕BIM技术先后发布了《建筑信息模型应用统一标准》GB/T 51212—2016、《建筑工程设计信息模型制图标准》JGJ/T 448—

2018等一系列标准，但仍缺少信息模型数据标准、编码标准等基础标准与通用标准，尚未建立完整的体系架构。建筑数字化技术和BIM技术的研究、应用与推广，对相关标准规范的需求激增。

在"双碳"和节能环保大力发展的背景下，建筑设备的相关标准根据发展要求也进行了必要的调整，例如设备中新增了水、热、电冷联产和可再生能源的系统和设施利用，智能建筑的功能也作了相应的扩充，例如，增加对建筑的水热电的监控，加强监控系统的建立及完善。通过梳理和研究智能建筑的主要标准规范，我们看到智能建筑设计相关标准目前还存在一定的空白，如信息化应用系统、智能化集成系统和应急响应等系统尚不完整，同时，与智能建筑密切相关的绿色、节能和低碳类标准相对还不够完善。因此，今后应加强建筑数字化技术、BIM技术和绿色、节能和低碳等相关标准制定，并根据智能化技术发展及时出台适合新产品、新技术和新工艺发展和需求的新标准和新规范。

通过对住房和城乡建设部、国家工程建设标准化信息网、国家标准化管理委员会等各大网站，2013～2022年度现行标准规范的汇总和整理，截至2022年12月底，共收集了智能建筑相关的标准规范合计195项。按照不同维度，对现行标准进行统计，其中包括国家标准和行业标准。按体系层次划分和类型统计如图2-4和图2-5所示。通过数据分析对比，通用标准数量最多，对工程建设设计指导最具有普遍性和适用性，专用标准如BIM信息技术、绿色低碳等相对数量较少，是今后智能建筑标准制定的目标之一。

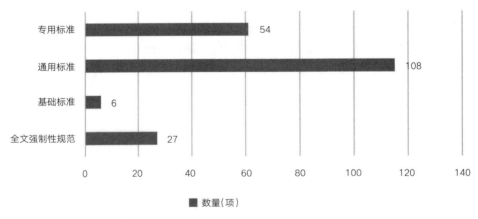

图2-4 层次数量对比图

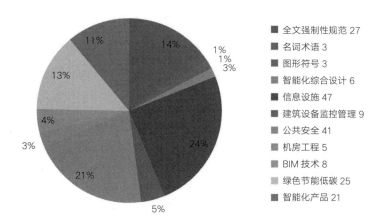

图 2-5 类型数量和占比统计

6. 全文强制性规范

国家自 2020 年开始陆续发布和批准实施与智能建筑工程相关的强制性工程建设规范，全部条文必须严格执行，用全文强制性工程建设规范取代现行标准中分散的强制性条文，分为工程项目类规范（简称项目规范）和通用技术类规范（简称通用规范）两种类型。规范中各项要素是保障建设体系化和效率提升的基本规定，是城乡建设高质量发展的基本要求。明确工程建设项目的勘察、设计、施工、验收、维修、养护、拆除等建设活动全过程中必须严格执行。

2022 年 10 月 1 日实施的《建筑电气与智能化通用规范》GB 55024—2022 是全文强制性规范，同时废止了分散于《智能建筑设计标准》GB 50314—2015、《智能建筑工程施工规范》GB 50606—2010、《智能建筑工程质量验收规范》GB 50339—2013、《民用建筑电气设计标准》GB 51348—2019 等规范中的强制性条文，规范和保障了智能建筑工程的建设质量和安全。规范对智能建筑系统规定了应具备的必须保障的功能，如为建筑物内的人员和有通信要求的设备提供信息服务的功能、智能化系统发生故障时应具备在规定的时间内报警的功能；同时对建筑物内智能化设备用房的设置与布局、土建与环境等条件，对智能化子系统、布线系统以及防雷接地设计，对施工、检验和验收以及运行维护进行了规定，提出了技术要求和技术措施。

2022 年 10 月 1 日实施的《安全防范工程通用规范》GB 55029—2022 是全文强制性规范，同时废止了分散于《安全防范工程技术标准》GB 50348—2018、《入侵报警系统工程设计规范》GB 50394—2007、《视频安防监控系统工程设计规范》GB 50395—2007、《出入口控制系统工程设计规范》GB 50396—2007 中的强制性条文，从安全防范系统的构成、功能和原则，对布防、架构和子系统设计，对施工、检验和验收以及运行维护进行了规定，提出了技术要求和技术措施。

2023年3月1日实施的《消防设施通用规范》GB 55036—2022是全文强制性规范，同时废止了分散于《火灾自动报警系统设计规范》GB 50116—2013、《火灾自动报警系统施工及验收标准》GB 50166—2019、《城市消防远程监控系统技术规范》GB 50440—2007、《消防应急照明和疏散指示系统技术标准》GB 51309—2018、《自动跟踪定位射流灭火系统技术标准》GB 51427—2021等火灾报警系统及与之有联动控制关系的灭火、消防给水、防排烟等消防规范中的强制性条文，对设计、施工、验收、使用和维护进行了规定，提出了技术要求和技术措施。

2022年4月1日实施的《建筑节能与可再生能源利用通用规范》GB 55015—2021对新建和改造工程中设备系统的节能监测控制和可再生能源系统的监测控制提出了强制性的规定与技术要求和措施，为建筑设备监控系统和能耗监管系统建设更好地服务于国家绿色低碳、减排战略提供了技术支撑。

2022年10月1日实施的《宿舍、旅馆建筑项目规范》GB 55025—2022，对宿舍、旅馆建筑这类项目智能化系统的基本配置提出了明确规定和要求，如"应设置安全防范系统、有线电视系统和信息网络系统。旅馆应在大堂出入口、楼梯间、各楼层的电梯厅、电梯轿厢、公共走道等场所设置视频监控装置。宿舍应在门厅出入口设置视频监控装置"，保障了该类项目中实施智能化系统建设的基本配置和安全要求。

新批准实施的全文强制性规范，不仅为智能建筑工程的建设提供了技术支撑和安全保障，同时在规范总则中提出的"创新性的技术方法和措施，应进行论证并符合本规范中有关性能的要求。"条文，对智能建筑新技术、新应用、新模式、新场景的发展战略，指出了解决方法和路径。全文强制性规范详见表2-1。

全文强制性规范列表　　　　表2-1

序号	标准名称	标准编号	状态	类别
1	建筑与市政工程抗震通用规范	GB 55002—2021	现行	国标
2	木结构通用规范	GB 55005—2021	现行	国标
3	燃气工程项目规范	GB 55009—2021	现行	国标
4	供热工程项目规范	GB 55010—2021	现行	国标
5	城市道路交通工程项目规范	GB 55011—2021	现行	国标
6	生活垃圾处理处置工程项目规范	GB 55012—2021	现行	国标
7	市容环卫工程项目规范	GB 55013—2021	现行	国标

续表

序号	标准名称	标准编号	状态	类别
8	园林绿化工程项目规范	GB 55014—2021	现行	国标
9	建筑节能与可再生能源利用通用规范	GB 55015—2021	现行	国标
10	建筑环境通用规范	GB 55016—2021	现行	国标
11	工程测量通用规范	GB 55018—2021	现行	国标
12	建筑与市政工程无障碍通用规范	GB 55019—2021	现行	国标
13	建筑给水排水与节水通用规范	GB 55020—2021	现行	国标
14	既有建筑维护与改造通用规范	GB 55022—2021	现行	国标
15	建筑电气与智能化通用规范	GB 55024—2022	现行	国标
16	宿舍、旅客建筑项目规范	GB 55025—2022	现行	国标
17	城市给水工程项目规范	GB 55026—2022	现行	国标
18	城乡排水工程项目规范	GB 55027—2022	现行	国标
19	特殊设施工程项目规范	GB 55028—2022	现行	国标
20	安全防范工程通用规范	GB 55029—2022	现行	国标
21	建筑与市政工程防水通用规范	GB 55030—2022	现行	国标
22	民用建筑通用规范	GB 55031—2022	现行	国标
23	建筑与市政工程施工质量控制通用规范	GB 55032—2022	现行	国标
24	城市轨道交通工程项目规范	GB 55033—2022	现行	国标
25	建筑与市政施工现场安全卫生与职业健康通用规范	GB 55034—2022	现行	国标
26	消防设施通用规范	GB 55036—2023	现行	国标
27	建筑防火通用规范	GB 55037—2023	现行	国标

7. 基础标准

（1）名词术语标准

《建设领域信息技术应用基本术语标准》JGJ/T 313—2013 第4.7节中明确规定了智能建筑中相关术语，包括智能化集成系统、智能建筑信息设施系统、建筑设备管理系统、建筑设备监控系统、通信网络系统及安全防范系统等术语解释汇总。主要出自于《智能建筑设计标准》GB/T 50314—2015、《住宅区和住宅建筑内通信设施工程设计规范》GB/T 50605—2010等各类标准中。名词术语主要标准详见表2-2。

名词术语主要标准列表　　　　　　　　　　　　　　　　表 2-2

序号	标准名称	标准编号	状态	类别
1	建筑节能基本术语标准	GB/T 51140—2015	现行	国标
2	广播电视术语	GB/T 7400—2011	现行	国标
3	建设领域信息技术应用基本术语标准	JGJ/T 313—2013	现行	行标

（2）图形符号标准

《建筑电气制图标准》GB/T 50786—2012 对智能化系统图样进行了规定，包括图形符号、线型符号。图形符号主要标准详见表 2-3。

图形符号主要标准列表　　　　　　　　　　　　　　　　表 2-3

序号	标准名称	标准编号	状态	类别
1	电气简图用图形符号 第 10 部分：电信传输	GB/T 4728.10—2008	现行	国标
2	建筑电气制图标准	GB/T 50786—2012	现行	国标
3	通信工程制图与图形符号规定	YD/T 5015—2015	现行	行标

8. 通用标准

（1）智能化综合设计标准

《智能建筑设计标准》GB 50314—2015 作为智能建筑的基础标准，在智能建筑相关通信技术、计算机技术、信息化、数字化、大数据、人工智能等多项技术快速发展的背景下，及时对《智能建筑设计标准》GB 50314—2006 进行了修订，修订的主要技术内容包括：根据智能建筑工程设计的需要增加了工程架构、对智能建筑的分类作了相应调整、对其他各章内容进行了适时的技术提升、补充完善和必要的修改。工程架构章节对如何确定智能建筑等级、如何按照需求和条件进行架构规划和如何对各类建筑配置智能化系统做出了规定，提出了技术要求和技术措施，加之技术提升和补充完善，进一步规范了智能建筑的建设和发展，为物联网、云计算、大数据、智慧城市等信息交互和创新应用起到了引领作用。

随着数字城市与数字建筑、新一代信息技术等新理念和新技术的普及应用，智能建筑的建设目标、设计思想和技术路线也在发生巨大变化。为响应国家数字化战略目标，结合国家"双碳"目标，将智能建筑与绿色建筑的发展相融合，《智能建筑设计标准》GB 50314—2015 已经在 2022 年 4 月启动了第三次修订工作，修订完成后将规范我国智能建筑工程标准，并引导新的发展方向。

2020年8月1日批准实施《民用建筑电气设计标准》GB 51348—2019，是对行业标准《民用建筑电气设计规范》JGJ 16—2008 的修订和升级，增加了绿色建筑电气设计、弱电线路布线系统章节，对智能建筑各子系统技术标准进行了补充、完善和必要的修改，对于智能建筑设计而言是一本系统覆盖面广、具体技术要求和措施内容丰富的成体系的国家标准，对智能建筑工程的设计具有非常重要的作用。

2011年2月1日批准实施《智能建筑工程施工规范》GB 50606—2010，2014年2月1日批准实施《智能建筑工程质量验收规范》GB 50339—2013 对2003版进行了修订，保障了智能建筑工程的工程质量。质量检测和运行维护阶段虽然没有国家标准，但是全国性行业标准《智能建筑工程质量检测标准》JGJ/T 454—2019、《建筑智能化系统运行维护技术规范》JGJ/T 417—2017 已批准实施，因此智能建筑工程建设各环节的标准基本完善。智能化综合设计主要标准详见表2-4。

智能化综合设计主要标准列表 表2-4

序号	标准名称	标准编号	状态	类别
1	智能建筑设计标准	GB 50314—2015	现行	国标
2	民用建筑电气设计标准	GB 51348—2019	现行	国标
3	智能建筑工程质量验收规范	GB 50339—2013	现行	国标
4	智能建筑工程施工规范	GB 50606—2010	现行	国标
5	智能建筑工程质量检测标准	JGJ/T 454—2019	现行	行标
6	建筑智能化系统运行维护技术规范	JGJ/T 417—2017	现行	行标

（2）信息化应用与集成系统标准

住房和城乡建设部于2014年6月1日批准实施了《城镇建设智能卡系统工程技术规范》GB 50918—2013，指导了智能卡系统的应用，规范了工程技术要求。

基于大数据、云计算等在智能建筑各类综合管理平台的大量应用，用户业务运营与日常管理对管理平台的多种需求，建筑物接入智慧城市以及新技术、新场景对管理平台的要求日益增多，各软件厂商提供的平台产品的功能、架构、数据标准和产品价格，与日益增长的需求和智能建筑的建设目标之间产生了诸多矛盾，特别是在设计阶段如何规范地做好管理平台设计、把控投资，迫切地需要适用、统一的国家标准来规范建筑综合管理平台的建设，如功能、性能、架构、数据、接口、可视化和信息安全等方面的规定、技术要求和技术措施。

(3)信息设施系统标准

2017年4月1日批准实施《综合布线系统工程设计规范》GB 50311—2016、《综合布线系统工程验收规范》GB/T 50312—2016，是在2007年的基础上进行的修订；设计规范对建筑综合布线系统及通信基础设施工程的设计要求进行了补充，增加了布线系统在智能化系统中的应用相关内容，增加了光纤到用户单元通信设施工程设计要求和工程建设强制性条文；施工规范在补充设计规范变化内容的基础上，完善了光纤信道和链路的测试方法与要求。

《公共广播系统工程技术标准》GB/T 50526—2021对《公共广播系统工程技术规范》GB 50526—2010进行了修订，修订的主要技术内容是部分电声性能指标；修正或修改部分电声性能指标的测量方法；增加新的技术和要求，如无线广播和消防应急广播的要求和规定；增加了公共广播系统运行维护和附录"公共广播系统运行维护记录表"。《有线电视系统工程技术规范》GB 50200—1994修订并更名为《有线电视网络工程设计标准》GB/T 50200—2018，修订的主要内容是对不同网络技术体系下有线电视网络的干线网、城域干线网和接入分配网进行了规范；增加了原标准中没有涉及的有线广播电视网络中的双向传输部分和光传输部分、数字干线传输网和城域宽带数据交换网、光传输网络（OTN）技术和光纤到户（FTTH）技术等部分；根据近年来通信和网络技术的发展及三网融合的要求，对原标准中的一些内容和指标进行了修订。

随着国家对光网络建设要求不断提高，无线应用、应急调度的快速发展，住房和城乡建设部批准实施了《宽带光纤接入工程设计标准》GB/T 51380—2019，适用于宽带光纤接入系统工程的规划、设计、施工、验收和运行维护，规范了宽带光纤接入工程的建设，满足了用户对通信的需求；批准实施了《公共建筑光纤宽带接入工程技术标准》GB 51433—2020，规范了公共建筑光纤宽带接入工程的建设；批准实施了《无线局域网工程设计标准》GB/T 51419—2020、《无线通信室内覆盖系统工程技术标准》GB/T 51292—2018，规范了无线网络工程的建设，满足了技术发展的需要。批准实施了《数字集群通信工程技术标准》GB/T 50760—2021，规范了数字集群通信系统的工程建设。

会议系统在《会议电视会场系统工程设计规范》GB 50635—2010的基础上，新编《电子会议系统工程设计规范》GB 50799—2012、《电子会议系统工程施工与质量验收规范》GB 51043—2014，对电子会议各分系统的组成、功能性能和设备设计做出了规定，提出了技术要求和措施。规范了电子会议系统的设计、施工和验收，提高了工程质量，并引导电子会议系统的建设不断发展和完善。

为了配合《中华人民共和国网络安全法》的实施，同时适应云计算、移动互联、物联网、工业控制和大数据等新技术、新应用情况下网络安全等级保护工作的开展，对《信息安全技术信息系统安全等级保护基本要求》GB/T 22239—2008 进行修订，修订的思路和方法是针对共性安全保护需求提出安全通用要求，针对云计算、移动互联、物联网、工业控制和大数据等新技术、新应用领域的个性安全保护需求提出安全扩展要求，形成新的网络安全等级保护基本要求标准《信息安全技术网络安全等级保护基本要求》GB/T 22239—2019，主要修订内容为将安全通用要求的分类调整为安全物理环境、安全通信网络、安全区域边界、安全计算环境、安全管理中心、安全管理制度、安全管理机构、安全管理人员、安全建设管理、安全运维管理；调整各级别的安全要求：安全通用要求、云计算安全扩展要求、移动互联安全扩展要求、物联网安全扩展要求和工业控制系统安全扩展要求；增加一个附录描述等级保护对象的定级结果和安全要求之间的关系，说明如何根据定级结果选择安全要求；增加了附录描述网络安全等级保护总体框架，并提出关键技术使用要求。规范和保障了智能建筑的信息网络安全建设。信息设施系统主要标准详见表 2-5。

信息设施系统主要标准列表　　　表 2-5

序号	标准名称	标准编号	状态	类别
信息接入系统				
1	通信管道与通道工程设计标准	GB 50373—2019	现行	国标
2	通信线路工程设计规范	GB 51158—2015	现行	国标
3	住宅区和住宅建筑内光纤到户通信设施工程设计规范	GB 50846—2012	现行	国标
4	城市通信工程规划规范	GB/T 50853—2013	现行	国标
5	通信局站共建共享技术规范	GB/T 51125—2015	现行	国标
6	住宅区和住宅建筑内光纤到户通信设施工程设计规范	GB/T 50605—2012	现行	国标
7	住宅区和住宅建筑内通信设施工程设计规范	GB/T 50605—2010	现行	国标
8	宽带光纤接入工程技术标准	GB/T 50174—2017	现行	国标
9	有线接入网设备安装工程设计规范	YD/T 5139—2019	现行	行标
10	通信线路工程设计规范	YD 5102—2010	现行	行标
11	宽带光纤接入工程设计规范	YD 5206—2014	现行	行标
12	数字同步网工程技术规范	GB/T 51117—2015	现行	行标

续表

序号	标准名称	标准编号	状态	类别
布线系统					
1	计算机场地安全要求	GB 9361—2011	现行	国标
2	综合布线系统工程设计规范	GB 50311—2016	现行	国标
3	综合布线系统工程验收规范	GB 50312—2016	现行	国标
4	计算机场地通用规范	GB/T 2887—2011	现行	国标
5	城市工程管线综合规划规范	GB 50289—2016	现行	国标
移动通信室内信号覆盖系统				
1	电磁环境控制限值	GB 8702—2014	现行	国标
2	无线通信室内覆盖系统工程技术标准	GB/T 51292—2018	现行	国标
3	公安数字集群移动通信系统总体技术规范	GA/T 444—2003	现行	行标
4	无线通信室内信号分布系统 第1~6部分	YD/T 2740.1~6—2014	现行	行标
用户电话交换系统				
1	数字程控自动电话交换机技术要求	GB 15542—1995	现行	国标
2	用户电话交换系统工程设计规范	GB/T 50622—2010	现行	国标
3	用户电话交换系统工程验收规范	GB/T 50623—2010	现行	国标
4	自动电话机技术条件	GB/T 15279—2002	现行	国标
5	光传送网（OTN）工程技术标准	GB/T 51398—2019	现行	国标
无线对讲系统				
1	400MHz频段模拟公众无线对讲机技术规范和测量方法	GB/T 21646—2008	现行	国标
信息网络系统				
1	信息安全技术网络安全等级保护基本要求	GB/T 22239—2019	现行	国标（增）
有线电视及卫星电视接收系统				
1	天线工程技术规范	GB 50922—2013	现行	国标
2	有线电视网络工程设计标准	GB/T 50200—2018	现行	国标
3	有线电视网络工程施工与验收标准	GB/T 51265—2018	现行	国标

续表

序号	标准名称	标准编号	状态	类别
4	电视和声音信号的电缆分配系统	GB/T 6510—1996	现行	国标
5	网络电视工程技术规范	GB/T 51252—2017	现行	国标
6	有线电视广播系统技术规范	GY/T 106—1999	现行	行标
7	广播电视播音（演播）室混响时间测量规范	GY 5022—2007	现行	行标
8	乡、镇级有线广播站建设规范	GYJ 35—1988	现行	行标
9	广播电视重点单位重要部位安全防范要求	GA 586—2020	现行	行标
公共广播系统				
1	厅堂扩声系统设计规范	GB 50371—2006	现行	国标
2	公共广播系统工程技术标准	GB/T 50526—2021	现行	国标
会议系统				
1	电子会议系统工程设计规范	GB 50799—2012	现行	国标
2	电子会议系统工程施工与质量验收规范	GB 51043—2014	现行	国标
3	红外线同声传译系统工程技术规范	GB 50524—2010	现行	国标
4	会议电视会场系统工程设计规范	GB 50635—2010	现行	国标
5	会议电视系统工程设计规范	YD/T 5032—2018	现行	行标
信息导引及发布系统				
1	视频显示系统工程技术规范	GB 50464—2008	现行	国标
时钟系统				
1	民用机场航站楼时钟系统工程设计规范	MH/T 5019—2016	现行	行标
2	民用运输机场时钟系统检查规范	MH/T 5040—2019	现行	行标

（4）建筑设备监控管理标准

建筑设备监控系统以及建筑能效监管系统目前现行的主要是行业标准，如《建筑设备监控系统工程技术规范》JGJ/T 334—2014、《民用建筑能耗数据采集标准》JGJ/T 154—2007、《公共建筑能耗远程监测系统技术规程》JGJ/T 285—2014、《民用建筑远传抄表系统》JG/T 162—2017等，按照国家绿色低碳的发展目标形成相关国家标准，必将引导建筑设备监控与建筑能效监管系统的规范发展和技术进步。建筑设备监控管理主要标准详见表2-6。

建筑设备监控管理主要标准列表 表2-6

序号	标准名称	标准编号	状态	类别
1	智能变电站技术导则	GB/T 30155—2013	现行	国标
2	电梯、自动扶梯和自动人行道物联网的技术规范	GB/T 24476—2017	现行	国标
3	建筑设备监控系统工程技术规范	JGJ/T 334—2014	现行	行标
4	公共建筑能耗远程监测系统技术规程	JGJ/T 285—2014	现行	行标
5	民用建筑远传抄表系统	JG/T 162—2017	现行	行标
6	民用建筑能耗数据采集标准	JGJ/T 154—2007	现行	行标
7	智能变电站监控系统技术规范	DL/T 1403—2015	现行	行标
8	电力自动化通信网络和系统	DL/T 860 系列	现行	行标
9	配电自动化系统技术规范	DL/T 814—2013	现行	行标

（5）公共安全标准

2014年4月1日批准实施的《火灾自动报警系统设计规范》GB 50116—2013是在GB 50116—1998版的基础上进行了修订，是该规范的第一次全面修订，在维持原规范基本框架、保留合理内容的基础上作了必要的补充和修改，主要包括了四个方面：补充了有关线型火灾探测器、吸气式感烟火灾探测器、可燃气体探测器、区域显示器、消防应急广播、气体灭火控制器、消防控制室图形显示装置、消防专用电话、火灾警报装置以及模块等设备或部件的工程设计要求，使规范内容更加全面，更加符合实际；增加了电气火灾监控系统、住宅建筑火灾报警系统、可燃气体探测报警系统的工程设计要求；增加了道路隧道、油罐区、电缆隧道等典型场所使用的火灾自动报警系统的工程设计要求；细化了消防联动控制的工程设计要求，使规范更具有可操作性。《火灾自动报警系统施工及验收规范》GB 50166—2007也被修订并更名为《火灾自动报警系统施工及验收标准》GB 50166—2019。

安全防范系统的系列标准也进行了部分修订，如《安全防范工程技术规范》GB 50348—2004修订更名为《安全防范工程技术标准》GB 50348—2018，修订的主要技术内容是在原标准的基础上增加了风险防范规划、系统架构规划、人力防范规划、实体防护设计以及工程建设程序、监理、运行、维护、咨询服务等内容，删除了原标准中高风险对象和普通风险对象的安全防范工程设计内容,将标准内容定位在安全防范工程建设和系统运行维护的通用要求。对重点安全防范对象的标准也进行了修订,如国家市场监管总局批准发布《中小学、幼儿园安全防范要求》GB/T 29315—2022,于 2022 年 6 月 1 日起正式实施,这是《中小学、幼儿园安全技术防范系统要求》GB/T 29315—2012 发布后首次修订,修订版弥补了原标准中人力防范和实体防范方面要求偏低、系统技术指标与新技术应用不匹配、不协调等不足;《住宅小区安全防范系统通用技术要求》GB/T 21741—2021 代替了 2008 版的标准,增加了住宅小区安全方案系统建设的总体要求,防护部位与区域、三级防范要求、二级防范要求,以及对系统技术要求和术语进行了多处调整;《博物馆和文物保护单位安全防范系统要求》GB/T 16571—2012 代替了 1996 版,扩大了适用范围和补充了技术要求等。

新编了《入侵和紧急报警系统技术要求》GB/T 32581—2016,规定了入侵和紧急报警系统的构成、应用分级、功能及性能要求、环境适应性要求、防雷接地要求、安全性要求、电磁兼容性要求、可靠性要求和系统设计要求等,是设计、检测和验收该系统的基本依据。公共安全主要标准详见表 2-7。

公共安全主要标准列表　　　　　　　　　　　表 2-7

序号	标准名称	标准编号	状态	类别
火灾自动报警系统				
1	消防应急照明和疏散指示系统技术标准	GB 51309—2018	现行	国标
2	城市消防远程监控系统技术规范	GB 50440—2007	现行	国标
3	消防通信指挥系统施工及验收规范	GB 50401—2007	现行	国标
4	消防通信指挥系统设计规范	GB 50313—2013	现行	国标
5	火灾自动报警系统施工及验收标准	GB 50166—2019	现行	国标
6	火灾自动报警系统设计规范	GB 50116—2013	现行	国标
7	自动喷水灭火系统设计规范	GB 50084—2017	现行	国标
8	消防控制室通用技术要求	GB 25506—2010	现行	国标
9	火灾显示盘	GB 17429—2011	现行	国标
10	可燃气体探测器 第 1 部分:工业及商业用途点型可燃气体探测器	GB 15322.1—2019	现行	国标
11	可燃气体探测器 第 2 部分:家用可燃气体探测器	GB 15322.2—2019	现行	国标
12	可燃气体探测器 第 3 部分:工业及商业用途便携式可燃气体探测器	GB 15322.3—2019	现行	国标

续表

序号	标准名称	标准编号	状态	类别
13	可燃气体探测器 第4部分：工业及商业用途线型光束可燃气体探测器	GB 15322.4—2019	现行	国标
14	线型光束感烟火灾探测器	GB 14003—2005	现行	国标
安全技术防范系统				
1	民用闭路监视电视系统工程技术规范	GB 50198—2011	现行	国标
2	周界防范高压电网装置	GB 25287—2010	现行	国标
3	安全防范工程技术标准	GB 50348—2018	现行	国标
4	入侵报警系统工程设计规范	GB 50394—2007	现行	国标
5	视频安防监控系统工程设计规范	GB 50395—2007	现行	国标
6	出入口控制系统工程设计规范	GB 50396—2007	现行	国标
7	公共安全视频监控联网系统信息传输、交换、控制技术要求	GB/T 28181—2022	现行	国标
8	体育场馆公共安全通用要求	GB/T 22185—2008	现行	国标
9	入侵和紧急报警系统技术要求	GB/T 32581—2016	现行	国标
10	中小学、幼儿园安全防范要求	GB/T 29315—2022	现行	国家
11	医院安全技术防范系统要求	GB/T 31458—2015	现行	国家
12	住宅小区安全防范系统通用技术要求	GB/T 21741—2021	现行	国家
13	银行安全防范报警监控联网系统技术要求	GB/T 16676—2010	现行	国家
14	安全防范系统供电技术要求	GB/T 15408—2011	现行	国家
15	博物馆和文物保护单位安全防范系统要求	GB/T 16571—2012	现行	国家
16	银行安全防范要求	GA 38—2021	现行	行标
17	广播电视重点单位重要部位安全防范要求	GA 586—2020	现行	行标
18	安全防范工程程序与要求	GA/T 75—1994	现行	行标
19	出入口控制系统技术要求	GA/T 394—2002	现行	行标
20	报警传输系统的要求	GA/T 600.1~5—2006	现行	行标
21	封闭式停车场安全防范要求	GA/T 1742—2020	现行	行标
22	停车库（场）安全管理系统技术要求	GA/T 761—2008	现行	行标
23	停车库（场）出入口控制设备技术要求	GA/T 992—2012	现行	行标
24	停车库（场）安全管理系统技术要求	GA/T 761—2008	现行	行标

续表

序号	标准名称	标准编号	状态	类别
25	联网型可视对讲系统技术要求	GA/T 678—2007	现行	行标
26	安全防范系统雷电浪涌防护技术要求	GA/T 670—2006	现行	行标
27	电子巡查系统技术要求	GA/T 644—2006	现行	行标

（6）机房工程标准

《电子信息系统机房设计规范》GB 50174—2008 修订更名为《数据中心设计规范》GB 50174—2017，适用范围包括政府数据中心、企业数据中心、金融数据中心、互联网数据中心、云计算数据中心、外包数据中心等从事信息和数据业务的数据中心。修订的主要内容是根据目前各行业对数据中心的要求和规模差别较大的情况，增加了A级数据中心的定义范围，以满足不同行业的设计要求；增加了对网络系统和灾备数据中心的设计要求；将"监控与安全防范"更名为"智能化系统"。《电子信息系统机房施工及验收规范》GB 50462—2008 修订更名为《数据中心基础设施施工及验收规范》GB 50462—2015，对技术内容和检测、验收内容进行了调整和完善。同时，防雷接地等规范如《建筑物电子信息系统防雷技术规范》GB 50343—2012 也在2004版的基础上进行了修订。数据中心相关标准的修订，适应了目前国内数据中心工程的建设，并能够更好地进行国际交流。机房工程主要标准详见表2-8。

机房工程主要标准列表　　表2-8

序号	标准名称	标准编号	状态	类别
1	数据中心设计规范	GB 50174—2017	现行	国标
2	互联网数据中心工程技术规范	GB 51195—2016	现行	国标
3	数据中心基础设施运行维护标准	GB/T 51314—2018	现行	国标
4	数据中心基础设施施工及验收规范	GB 50462—2015	现行	国标
5	通信建筑工程设计规范	YD 5003—2014	现行	行标

9. 专用标准

（1）BIM信息技术标准

为了更好地让建筑信息模型（BIM）技术在工程全寿命期进行集成应用，国家逐步发布实施了《建筑信息模型应用统一标准》GB/T 51212—2016、《建筑信息模型分类和编码标准》GB/T 51269—2017、《建筑信息模型施工应用标准》GB/T 51235—

2017、《建筑信息模型设计交付标准》GB/T 51301—2018、《建筑信息模型存储标准》GB/T 51447—2021等系列标准，规范和推进了BIM技术的发展与应用。BIM信息技术主要标准详见表2-9。

BIM信息技术主要标准列表　　　　表2-9

序号	标准名称	标准编号	状态	类别
1	建筑及居住区数字化技术应用 基础数据元	GB/T 38840—2020	现行	国标
2	建筑信息模型分类和编码标准	GB/T 51269—2017	现行	国标
3	建筑信息模型设计交付标准	GB/T 51301—2018	现行	国标
4	建筑信息模型应用统一标准	GB/T 51212—2016	现行	国标
5	建筑信息模型施工应用标准	GB/T 51235—2017	现行	国标
6	建筑对象数字化定义	JG/T 198—2007	现行	行标
7	建筑工程设计信息模型制图标	JGJ/T 448—2018	现行	行标
8	电子标签通用技术要求	CJ/T 330—2010	现行	行标

（2）绿色节能低碳标准

在国家绿色低碳发展战略的指引下，《公共建筑节能设计标准》GB 50189—2015在2005版的基础上进行了修订，对建筑设备监控系统、能耗监测与计量、能耗管理系统提出了规定和技术要求与措施；《绿色建筑评价标准》GB/T 50378—2019在2014版的基础上进行了修订，重新构建了绿色建筑评价技术指标体系，对分级分类设置远传计量系统、能源管理系统、水质在线监测系统、智慧服务系统等系统都提出了新的评价要求，引导智能化系统在绿色低碳战略背景下不断发展和进步。绿色节能低碳主要标准详见表2-10。

绿色节能低碳主要标准列表　　　　表2-10

序号	标准名称	标准编号	状态	类别
1	民用建筑太阳能热水系统应用技术标准	GB 50364—2018	现行	国标
2	公共建筑节能设计标准	GB 50189—2015	现行	国标
3	电动机能效限定值及能效等级	GB 18613—2020	现行	国标
4	产品电耗定额制定和管理导则	GB 5623—2008	现行	国标
5	建筑碳排放计算标准	GB/T 51366—2019	现行	国标
6	光伏发电接入配电网设计规范	GB/T 50865—2013	现行	国标
7	农村居住建筑节能设计标准	GB/T 50824—2013	现行	国标

续表

序号	标准名称	标准编号	状态	类别
8	绿色建筑评价标准	GB/T 50378—2019	现行	国标
9	既有建筑节能改造智能化技术要求	GB/T 39583—2020	现行	国标
10	用户端能源管理系统 第1部分：导则	GB/T 35031.1—2018	现行	国标
11	企业供配电系统节能监测方法	GB/T 16664—1996	现行	国标
12	节能监测技术通则	GB/T 15316—2009	现行	国标
13	节电技术经济效益计算与评价方法	GB/T 13471—2008	现行	国标
14	电力变压器经济运行	GB/T 13462—2008	现行	国标
15	三相异步电动机经济运行	GB/T 12497—2006	现行	国标
16	宾馆、饭店合理用电	GB/T 12455—2010	现行	国标
17	用电设备电能平衡通则	GB/T 8222—2008	现行	国标
18	用能设备能量测试导则	GB/T 6422—2009	现行	国标
19	建筑光伏系统应用技术标准	GB/T 51368—2019	现行	行标
20	公共建筑节能改造技术规范	JGJ 176—2009	现行	行标
21	民用建筑绿色设计规范	JGJ/T 229—2010	现行	行标
22	居住建筑节能检测标准	JGJ/T 132—2009	现行	行标
23	公共建筑节能检测标准	JGJ/T 177—2009	现行	行标
24	建筑能耗数据分类及表示办法	JG/T 358—2012	现行	行标
25	电力系统电能质量技术管理规定	DL/T 1198—2013	现行	行标

（3）智能化产品标准

随着智能化系统功能的不断完善和智能化技术的迭代更新，我国在不同时期发布了结合技术、工艺和市场需求的智能化产品标准和规范。智能化产品主要标准详见表2-11。

智能化产品主要标准列表　　表2-11

序号	标准名称	标准编号	状态	类别
1	建筑及居住区数字化技术应用 第1部分：系统通用要求	GB/T 20299.1—2006	现行	国标
2	建筑及居住区数字化技术应用 第2部分：检测验收	GB/T 20299.2—2006	现行	国标
3	建筑及居住区数字化技术应用 第3部分：物业管理	GB/T 20299.3—2006	现行	国标
4	建筑及居住区数字化技术应用 第4部分：控制网络通信协议应用要求	GB/T 20299.4—2006	现行	国标

续表

序号	标准名称	标准编号	状态	类别
5	建筑自动化和控制系统图 第1部分：概述	GB/T 28847.1—2012	现行	国标
6	建筑自动化和控制系统图 第2部分：硬件	GB/T 28847.2—2012	现行	国标
7	建筑自动化和控制系统图 第3部分：功能	GB/T 28847.3—2012	现行	国标
8	建筑自动化和控制系统图 第5部分：数据通信协议	GB/T 28847.5—2012	现行	国标
9	建筑自动化和控制系统图 第6部分：数据通信协议一致性测试	GB/T 28847.6—2023	现行	国标
10	建筑及居住区数字化技术应用 家庭网络信息化平台	GB/T 38321—2019	现行	国标
11	建筑及居住区数字化技术应用 家居物联网协同管理协议	GB/T 38323—2019	现行	国标
12	建筑及居住区数字化技术应用 智能硬件技术要求	GB/T 38319—2019	现行	国标
13	出入口控制系统技术要求	GB/T 37078—2018	现行	国标
14	微波和被动红外复合入侵探测器	GB 10408.6—2009	现行	国标
15	磁开关入侵探测器	GB 15209—2006	现行	国标
16	入侵探测器 第1部分：通用要求	GB 10408.1—2000	现行	国标
17	入侵探测器 第2部分：室内用超声波多普勒探测器	GB 10408.2—2000	现行	国标
18	入侵探测器 第3部分：室内用微波多普勒探测器	GB 10408.3—2000	现行	国标
19	入侵探测器 第4部分：主动红外入侵探测器	GB 10408.4—2000	现行	国标
20	入侵探测器 第5部分：室内用被动红外探测器	GB 10408.5—2000	现行	国标
21	入侵探测器 第9部分：室内用被动式玻璃破碎探测器	GB 10408.9—2001	现行	国标

2.1.2 技术体系

1. 体系框架

《智能建筑设计标准》GB/T 50314从2000年版到2015年版，经历三次修订，逐步形成了更加完善的系统配置技术体系，根据《智能建筑设计标准》GB/T 50314—2015，按照服务功能和系统配置分为信息化应用系统、智能化集成系统、信息设施系统、公共安全系统、建筑设备管理系统以及机房工程等六大系统配置，满足了新建、扩建和改建的十三种建筑类型智能建筑建设需求（图2-6）。

（1）信息化应用系统。用于满足建筑物规范化运行和管理信息化要求，提供建筑业务运营及管理的信息化支撑和保障。这是由多种类信息设施、操作程序和相关应

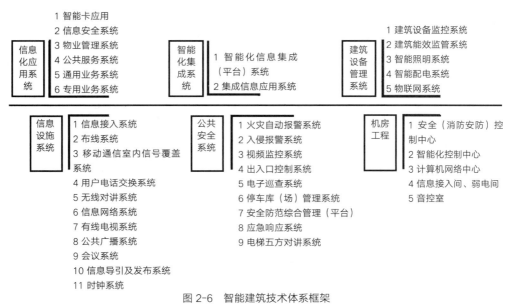

图 2-6 智能建筑技术体系框架

用等组合而成的系统。

（2）智能化集成系统。为实现智能建筑的运营、运维及管理的目标，构建统一的智能化信息集成平台，对智能化子系统采用以多种类智能化信息集成方式，形成具有接口规范、信息汇聚、资源共享、协同运行和优化管理等综合应用功能的系统，并为信息化集成系统提供数据接口，供企业 ERP 或 OA 系统获取建筑运营的相关数据。

（3）信息设施系统。为满足建筑物的应用与管理对信息通信的要求，将各类具有接收、交换、传输、处理、存储和显示等功能的信息系统整合，形成建筑物公共通信服务综合基础条件的系统。

（4）公共安全系统。为维护公共安全，运用现代科学技术，构建的综合技术防范或安全保障体系综合功能的系统，以应对危害社会安全的各类突发事件。

（5）建筑设备管理系统。为保障建筑可靠稳定运行，将与建筑物有关的暖通空调、给水排水、电力、照明和电梯等机电设备实现集中实时监视、控制和管理的综合性系统。

（6）机房工程。为提供机房内各智能化系统设备及装置提供安置和运行条件，以确保各智能化系统安全、可靠和高效地运行，且便于维护建筑功能环境而实施的综合工程。

2. 技术创新

智能建筑的技术基础来自传统的自动控制领域，利用传感器采集现场信息，通过现场总线将信息传输到后台控制系统进行处理及执行相应的动作，最终实现预期的动、静态性能。现场总线是通信的主要技术手段，控制理念也是基于自动控制的实时性为核心，以采集实时信息和实现响应为目标，保存的历史数据也仅是为了观察运行态势。

随着新技术和市场需求的迅猛发展，信息高速传输、海量数据并发与处理、运行态势感知和应急响应决策等应用需求彻底改变了信息传输和信息处理的技术体系，数字化、网络化和物联化成为技术主流，大数据、人工智能改变了智能建筑的生态链，模拟信息传输和现场总线技术逐渐退出了智能建筑产品的主流技术，信息化、智慧化正在快速融入智能建筑架构体系中。智能建筑从以实时控制为主导的管理理念，上升到以建筑全寿命周期管理为目标的高度，从而为智能建筑引入了"深度学习"概念，使人工智能和大数据成为建筑全寿命周期管理的工具，使智能建筑与信息化应用深入融合，使智能建筑焕发出强大的生命力。

在信息技术和智能化需求不断提升的时代，传统智能化系统的技术内涵也在不断发生颠覆性的变化。"智能建筑+"就是智能化、信息化以及"云、物、大、智、移"技术融合的产物，有了信息化应用系统和新一代信息技术的加持，智能建筑进入了新的建设阶段。图2-7为"融合应用"技术架构，它由基础支撑系统、综合数据平台以及应用服务系统三个层次组成。

按照智能建筑项目建设管理流程，需要经过立项、可行性研究（以下简称可研）、设计、施工和验收等全过程，在立项和可研阶段需要确定"智能建筑+"的建设标准和规模。由于智能建筑行业信息化建设标准尚不完备，目前的智能建筑体系缺少信息化应用系统的建设规划和设计。2022年4月中国建筑业协会绿色建造与智能建筑分会

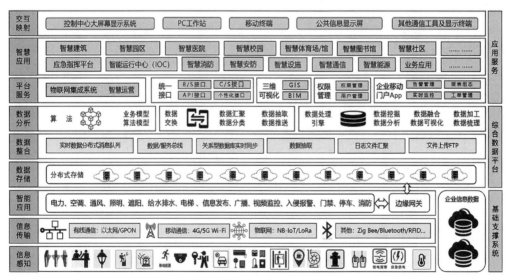

图2-7 "融合应用"技术架构

与相关企业共同主编的《智慧园区建设导则》，将立项和可研中信息化应用系统的建设内容纳入了智能建筑体系的规划和设计中，并根据不同园区类型，构建了相应的"通用业务系统"和"专业业务系统"。以校园建筑为例，智慧校园"通用业务系统"和"专业业务系统"的设计依据为《智慧校园总体框架》GB/T 36342—2018。因此，智能化、信息化的深度融合衍生出智慧场馆、智慧医院、智慧博物馆等技术成果。当前，"智慧化"已被行业热议，在智能建筑传统的基础设施建设已经基本成型后，行业通过"挖掘"各行业、各建筑类型的信息化应用场景，并以此拓展新技术应用的新市场，为行业发展增添新的动力。

技术路线是指研究者对要达到研究目标准备采取的技术手段、具体步骤及解决关键性问题的方法等在内的研究途径。一件产品的研发与一项建筑工程的设计一样，从规划、设计、建造到最后交付，为了达到最终的目标，也需要有一个明确的技术路线，从准备采用的技术手段、具体步骤及解决关键性问题的方法等在内的深入细致研究。不论是设计方、制造/建造方还是投资方，对项目的技术路线都会给予高度关注，主要关注的焦点有三个方面：功能、性能和成本。由于项目或产品的功能是预设的，最终关注点将聚焦在性能和成本上。例如，智能卡系统的功能是对人员进行身份识别和认证，技术路线有实体卡和虚拟卡两种技术手段，实体卡分为ID卡、IC卡、CPU卡等物理卡识别技术，虚拟卡分为指纹、掌纹、静脉、面部等生物卡识别技术。采用不同的技术路线，在功能上没有太大差别，在性能和成本上的差别就比较大。所以，对技术路线的分析，就是对其性能、成本差异的分析，从而掌握不同技术路线的技术成熟度、先进性和风险点。这对于产品的研发和建设项目的设计都有重要的意义。智能化产品研发人员和系统设计师应掌握各系统不同的技术路线，关注不同技术路线的性能和成本特性，对设计的系统/产品选择符合项目要求的技术路线和性价比合理的解决方案，以获得双赢（设计和用户）或多赢（产品制造、设计、施工、用户）。

随着科学技术的快速发展，智能化系统的技术路线发生了颠覆性的改变，这种改变贯穿于整个智能化技术体系，从模拟到数字、从总线到网络、从有线到无线，涵盖了前端设备、通信链路、后台系统以及人机交互方式。其特征是：

（1）前/终端设备。逐步演变成以智能终端为主导，传输/接收的信息不再是模拟量和数字量，而是数据，将信息采集、信息处理、信息传输、执行功能都集成在了前/终端设备中，从而成为一个智能型前/终端设备，使其符合"物联"的特征。

（2）通信链路。以有线/无线融合、以远距离/短距离融合的方式进行数据传输，不再采用模拟量和数字量或是以现场总线传输为主的通信方式，数据高并发和终端低功耗成为衡量数据传输能力的指标。

（3）后台系统。不再是仅仅将感知信息直接显示，而是增加了数据处理、数据分析、辅助决策等数据处理技术。

（4）人机交互方式。移动互联成为人机交互的主要方式。

目前，智能化系统的技术路线大多有了实质性的变化，也有些系统处于新、旧两种技术的过渡阶段，很多系统已经抛弃了旧的技术路线，还有少数系统没有任何改变。究其原因，一是由于采用新技术后造价大幅提高，系统稳定性尚待验证；二是头部企业不愿意放弃既得利益，降低了更新迭代的节奏。实际情况是，新技术只有通过大量运用，建立了良好的生态圈，才能大大降低成本，通过不断地迭代提高系统的稳定性，对于未来应有所期待。不论是智能化产品研发人员或智能化系统设计师都不能停滞不前或因循守旧。

以建筑设备监控系统为例，自从工业控制领域推出了集散控制系统（DCS，Total Distributed Control System）之后，将这一技术引入建筑行业形成了建筑设备监控系统（BA系统），采用的是在20世纪80年代后期发展起来的一种现场总线控制系统（FCS，Fieldbus Control System）。DCS是以微处理器为基础的对生产过程进行集中监视、操作、管理和分散控制的集中分散控制系统，其主要特征是"集中管理、分散控制"。从2005年开始，国家逐步推出了针对工业过程测量与控制系统（IPMCS，Industrial Process Measurement and Control System）相关的标准体系《功能块》GB/T 19769.1 ~ 4，该标准体系具有分布式、可组态和可编程的特征，为工业控制领域指明了新的发展方向。该标准体系定义了分布式控制系统的通用模型，以围绕功能块构建的事件驱动型任务为特征，更符合物联网"分布智能"的技术路线。关注科学技术发展的步伐，规划符合建筑行业发展的技术路线，智能建筑行业才具有生命力，智能化系统建设在满足功能要求的基础上，才能获得优越的性价比。

2.1.3 工程体系

智能建筑工程体系建设包括从业资质、专业设计咨询、专业工程总承包、工程项目管理、工程维保，以及人员培训和技能认定等基本完备的工程体系。其中，智能建筑专业工程总承包以实现项目设计、采购、施工的深度融合，协调和总体管控设计、施工、采购的合理交叉，缩短工期、控制成本和提升工程项目品质为目标成为工程体系建设关键。

目前，行业工程体系建设的核心内容如下：（1）三体系认证：即ISO 9000质量管理体系、环境管理体系ISO 14000和职业安全健康管理体系OSHMS 18000。相关体系文件包括运行记录、管理手册、程序文件、作业指导书和辅助文件等；（2）三体系贯彻：通过组织构架的建立、岗位的设定、岗位职责的划分、岗位制度和流程的制定从人员、工作场所、设备设施、经营品项和环境影响等方面进行有效运行和管控，以达到人员安全、质量保证、环境保护、顾客满意和企业收益的管理理念；（3）三体系运行：三体系每一个环节都遵守 PDCA 环境和持续改进。

全过程工程咨询与工程总承包作为国际通行的工程建设组织模式，对智能建筑行业转型升级提出了新的任务和要求。工程总承包模式的变革，对智能建筑行业现有的工程模式产生了深刻的影响和挑战，2020 年中国建筑业协会绿色建造与智能建筑分会，通过对企业和市场的调查分析，针对智能建筑工程既有承包的方式带来的冲击，发布了《工程总承包模式下建筑智能化专业承包从业企业调查报告》，调查报告向国家相关主管部门提出了行业建议：（1）设计单位应提升深化设计能力，细化专业工程造价，控制投标风险；（2）设计单位应加强与建设方和总承包方在建设需求方面的沟通，尽早达到专业建设和工程造价的匹配度；（3）智能化专业承包企业应与总承包单位建立相对长期稳定的战略合作伙伴关系；（4）智能化专业承包企业应主动介入总承包单位智慧建造和智慧化工地管理等方面的方案设计和集成实施，提高与总承包单位的合作黏性，并能延伸扩展业务范围；（5）在工程总承包中明确智能化工程作为专业分包，选择具有专项设计和施工资质的智能化企业承担分包工程，以提高专业工程实施能力；（6）智能化专业承包企业应利用自身在信息科技领域的技术沉淀，响应国家产业数字化的政策，提供行业数字化解决方案产品，可独立总承包模式之外发展业务。

1. 专业全过程咨询

智能建筑专业全过程咨询服务以跨智能化系统、信息化系统和新一代技术应用等多技术领域的专业咨询为特色，它是行业产业链的关键一环。以咨询、评估和项目管理为主要业务范围，在全过程咨询中承担部分阶段或以专业顾问的角色参与全过程咨询，涵盖建设工程全寿命期内的策划咨询、前期可研、工程设计、招标专业顾问、专业造价咨询顾问、项目管理、工程监理专业顾问、施工前期准备、施工过程管理、竣工验收及运营维护等各个阶段的服务。

纵观行业发展趋势，综合性全过程设计咨询和提供个性化专业服务，将成为智能建筑设计咨询新的发展方向，也是未来设计机构提高核心竞争力、增加市场占有率、树立品牌形象的发展目标。智能建筑设计咨询企业已开始在专业定制型服务领域发力，这将有利于行业内优秀设计咨询企业的快速发展和利润提升。目前行业利用专业化优势，采用"体系化管理+科技化手段"开展专业咨询工作。

（1）建立大数据库与数据分析平台。通过挖掘数据源，归纳、整理、分析并提炼关键数据，结合具体项目，以数据为依据，有针对性地为用户提出解决方案。

（2）建立数字模型交互平台。通过 BIM 技术、虚拟现实技术与仿真模拟技术，进行方案及建造（制造）优化；实现一体化工程建设全过程可视化地沟通、处理和决策；建立 BIM 协同机制，打造 BIM 集成应用平台，实现 BIM 提质增效。

（3）统一工程技术标准。这是专业全过程咨询的核心价值所在，以统一标准进行全过程统筹管理，包括工作流程、技术文件、过程文件和成果文件等。

（4）全过程策划把握关键环节。通过分析工程和商务的关键节点、核心条件、关联节点和风险预判，以数字化流程实现闭环控制和解决问题。

（5）全过程造价控制。把控工程项目概算的准确率、预算的完整性、实施全过程成本控制。

2. 专业工程总承包

工程总承包是指承包单位按照与建设单位签订的合同，对工程设计、采购、施工等实行全过程的承包，并对工程的质量、安全、工期和造价等全面负责的工程建设组织实施方式。工程总承包模式的主要特点是一体化和全程化，其通过资源优化配置，减少了管理环节和管理链。对于较为复杂、规模较大的建设项目，工程总承包将会选择专业承包来共同完成，如智能建筑系统工程专业承包等。

目前，智能建筑行业承担专业工程总承包职责，涉及智能化系统工程项目的可行性研究、勘察、设计、采购、施工和试运行（竣工验收）等各阶段或若干阶段。行业在工程总承包管理制度的基础上，针对专业总承包已经建立了管理标准化、责任追溯化和工作流程化的两化融合等整体管理体系。

（1）流程和岗位操作标准化。按照"体系健全、制度完备、责任明确"的原则，制定简洁、适用、易执行和通俗易懂的质量管理体系，将工程质量责任详细分解，落实到每一个质量管理、操作岗位，明确岗位职责，指导工程质量管理和实施操作，提高工作效率，提升质量管理和操作水平。

（2）工程实体质量控制标准化。按照"施工质量样板化、技术交底可视化、操作过程规范化"的原则，建立工程项目质量检验标准，进行包括材料、构配件和设备进场在内的质量控制，施工工序控制和质量验收控制等。

（3）质量责任追溯制度。明确各关键部位、关键环节的质量责任人，加强施工过程质量控制，加强施工记录和验收资料管理，保证工程质量的可追溯性。

（4）质量管理标准化与信息化融合。充分发挥信息化手段在工程项目管理中的作用，采用BIM技术平台应用，推动协同管理和数据共享，打造基于信息化技术、覆盖施工全过程的信息化管理体系。

2.1.4 产业体系

智能建筑行业经历了30余年发展，已经形成了较为完备的产业链，随着智能建筑市场规模的不断增长，智能建筑产业覆盖范围和产业规模迅速扩大，涵盖工程咨询、设计、施工、监理、检测评估、验收、硬件产品研发制造、软件开发、系统集成、系统运维、能源管理、相关服务以及外延工程等，并已基本形成了智能建筑产业链。

智能建筑产业链由三个层次构成，如图2-8所示。上游行业为设备材料和智能建

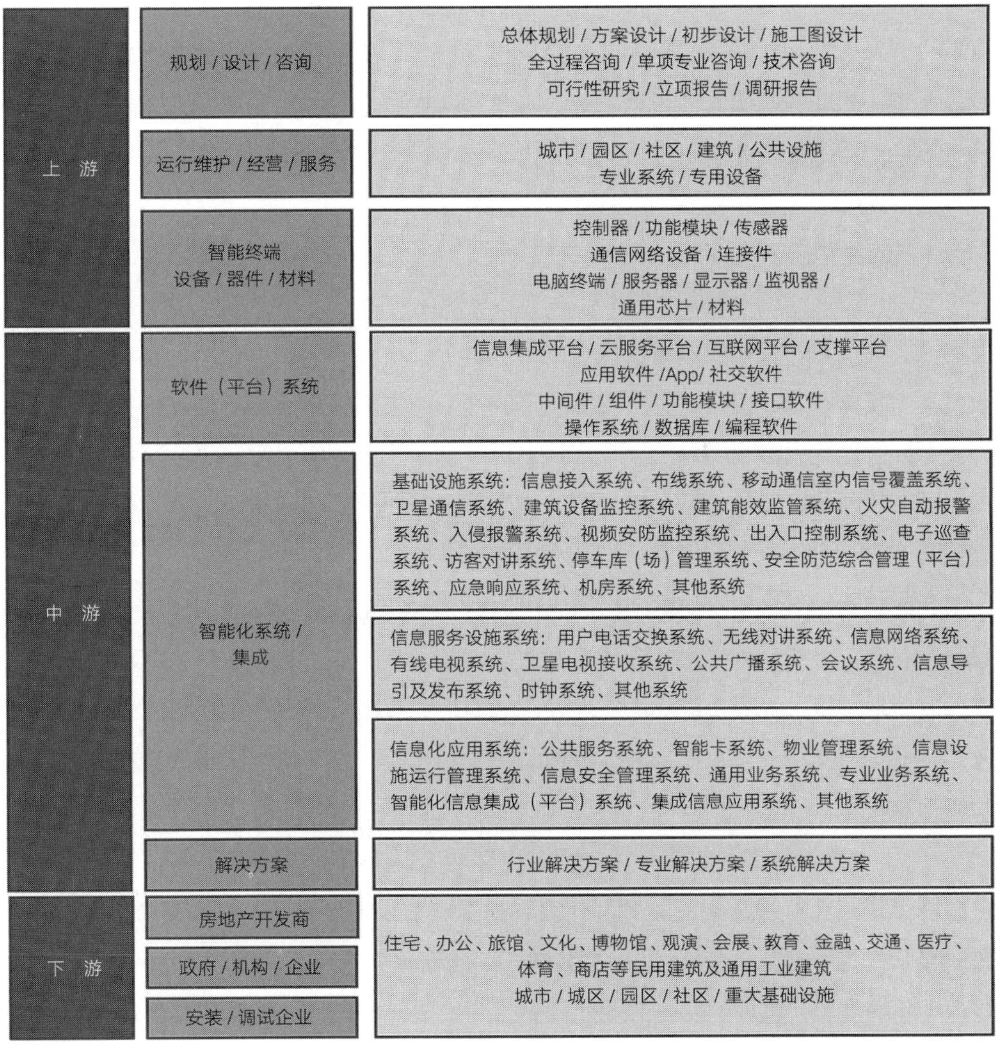

上游	规划/设计/咨询	总体规划/方案设计/初步设计/施工图设计 全过程咨询/单项专业咨询/技术咨询 可行性研究/立项报告/调研报告
	运行维护/经营/服务	城市/园区/社区/建筑/公共设施 专业系统/专用设备
	智能终端 设备/器件/材料	控制器/功能模块/传感器 通信网络设备/连接件 电脑终端/服务器/显示器/监视器/ 通用芯片/材料
中游	软件（平台）系统	信息集成平台/云服务平台/互联网平台/支撑平台 应用软件/App/社交软件 中间件/组件/功能模块/接口软件 操作系统/数据库/编程软件
	智能化系统/ 集成	基础设施系统：信息接入系统、布线系统、移动通信室内信号覆盖系统、卫星通信系统、建筑设备监控系统、建筑能效监管系统、火灾自动报警系统、入侵报警系统、视频安防监控系统、出入口控制系统、电子巡查系统、访客对讲系统、停车库（场）管理系统、安全防范综合管理（平台）系统、应急响应系统、机房系统、其他系统
		信息服务设施系统：用户电话交换系统、无线对讲系统、信息网络系统、有线电视系统、卫星电视接收系统、公共广播系统、会议系统、信息导引及发布系统、时钟系统、其他系统
		信息化应用系统：公共服务系统、智能卡系统、物业管理系统、信息设施运行管理系统、信息安全管理系统、通用业务系统、专业业务系统、智能化信息集成（平台）系统、集成信息应用系统、其他系统
	解决方案	行业解决方案/专业解决方案/系统解决方案
下游	房地产开发商	住宅、办公、旅馆、文化、博物馆、观演、会展、教育、金融、交通、医疗、体育、商店等民用建筑及通用工业建筑 城市/城区/园区/社区/重大基础设施
	政府/机构/企业	
	安装/调试企业	

图2-8 智能建筑产业链全景图

筑的咨询、设计、运行维护及信息应用服务等，包括计算机、通信、现代控制、信息及相关软件系统和硬件设备研发企业；中游行业为智能建筑软/硬件研发，智能建筑系统集成、智能建筑解决方案；下游行业为设备安装、系统调试和系统集成工程，包括居住建筑、公共建筑、工业建筑、智慧城市和节能改造等。

随着我国制造业综合能力的不断提升，智能建筑中的国产产品已在我国的建设工程中占据主导地位。目前国内智能建筑产品本土生产企业的市场占有率已经超越国际厂商，在相对高端的市场领域，与十年前相比已发生了翻天覆地的变化。例如，安防监控设备主要生产厂商为海康威视、大华和宇视等国内品牌；网络通信设备主要生产厂商有华为、锐捷和H3C等企业；楼宇自控产品目前国际品牌尚占据主导地位，正在被国内系统产品超越，市场份额在逐年降低。

随着行业的集中度逐渐提高，未来的产品市场，低端市场竞争中规模较小，不具备核心研发能力的厂商将会被淘汰，高端市场的增长将超过行业平均水平，国内具备较强资本实力和技术研发能力的企业，将带动我国智能建筑产品国产化步入快速发展的轨道。

1. 软硬件研发

近20年来，我国智能建筑产品在产品规模化、市场化和工程应用水平等方面全面提升，消防报警、视频监控、通信网络、电子会议、音响扩声、综合布线等系统产品基本实现国产化，国内具有自主知识产权产品的市场占有率逐年提高，打破了国外产品垄断智能建筑市场的局面。在"信息应用创新""数字中国"等政策推动下，中国制造、软硬件国产化等已经成为产业化技术和产业链重构的重中之重，信创产品主要包含IT基础硬件、基础软件、应用软件以及信息安全等四大部分。

目前，大型智能建筑的国产产品应用达到85%以上，特别在智能住宅小区、智能家居工程中，大部分智能化系统是国内企业自主品牌产品，市场占有率达到了95%以上，有力地支持了智能建筑技术在建设领域的推广应用。国内企业在智能建筑的各个分支行业已经完全或正在成为国内市场的主流制造商，以下是中国制造具有代表性的几个行业的基本情况。

（1）中国安防产品制造企业，目前已经是全球安防企业的领头羊，也是近年来中国智能建筑企业快速崛起的典型代表。根据安防领域年度"全球安防50强"榜单数据显示，我国共有10家以上企业上榜，其营收总额达到了总榜单的50%以上。经过数十年的发展，国内的安防产业已经进入到了成熟阶段，国内头部品牌已经由国际品牌转变为海康威视、大华股份、宇视科技和华为等国内品牌。

（2）网络通信设备，作为新型信息基础设施建设的重要组成部分，我国的网络通信设备市场规模呈迅猛增长趋势，以大数据、人工智能、互联网和信息安全等硬件为基础设施建设是市场增长的主要驱动因素，根据国际数据公司（IDC）数据统计预测，2024年我国主要网络设备市场规模将达107.6亿美元。网络通信设备作为IT基础硬件的一个必要组成，经过我国企业数十年的努力和创新，网络通信设备已经由国外品牌垄断市场的局面，转变为华为、H3C和锐捷等国产品牌百花齐放的态势。

（3）建筑设备管理系统，国产产品一直占据着较小的市场份额，随着近年来国家"绿色节能"和"双碳"目标政策的推动，对建筑能耗采集分析和减碳的市场需求，以及产品和技术实现自主可控的发展趋势，给国产产品带来新的市场机会。根据我国智能建筑行业长期积累的经验，通过建筑设备监控系统和建筑能源管理系统的融合，在应用概念和系统解决方案上取得突破，使国产产品在新需求、新技术赋能新应用等方面将更具优势。

目前，虽然霍尼韦尔、西门子、江森、施耐德等国际品牌在建筑设备管理系统中仍然占有高比例的市场份额，但随着国产品牌的逐渐发力，在系统架构、灵活配置和便捷组网等技术方面已经赶超传统的国际品牌。今后以同方泰德、和欣控制、源创中控、慧控、海林、台达和格瑞特等为代表的国产品牌将逐渐提升建筑设备管理系统的市场占有份额。

（4）智能家居，以住宅为应用平台，其中游产业链涵盖全屋定制智能、智能网络、智能控制、智能家电、智能照明、家庭安防、智能遮阳、背景音乐、智能健康、家庭机器人等，并通过采集、分析用户行为数据为用户提供个性化生活服务，使家居生活安全、舒适、节能、高效和便捷。目前智能家居平均每年保持不低于20%的增长幅度。小米、绿米、华为、美的、欧瑞博等国内品牌由于布局较早、造价低、性能优异加上本土化良好的体验，已经牢牢占据了国内市场主流产品的地位。

随着5G商业化落地加速，AIoT时代全面开启，我国智能家居通过二十余载积累迭代的发展，已经步入技术重塑、产品重塑、场景重塑、入口重塑、渠道重塑与体验重塑的新征程，随着未来家庭生活方式的升级，产品正围绕感知、判断和动作等方面发展，智能家居将成为强劲增长的产业之一。

（5）数据综合管理平台，随着我国智慧城市数据综合应用需求应运而生，包括智慧城市、智慧社区、智慧园区、智慧办公、智慧工厂和智慧公安等各类专业和综合型智能化系统管理平台。此类平台正逐渐上升为智能建筑顶层管理平台，并带动智能建筑的应用集成。国内互联网及通信领域的领军企业，根据国家智慧城市发展战略导向和企业云端业务规划，积极布局智慧建筑顶层云端数据综合管理平台，从应用效果、综合经济和社会效益来看，目前在国际上处于领先水平。

国产数据库作为基础软件和信息安全的必要组成部分，近年来随着信创要求也有了长足的进步，传统集中型数据库，成本高、扩容难、依赖资源堆砌来保证数据库可用性和扩展性，正面临越来越大的压力。国产分布式数据库具备高可扩展性、高性能、高可用、高安全等特性，可以很好地满足线上化、高频、多维度、高并发的场景需求，帮助企业与机构等解决技术瓶颈。根据数据库网站 DB-Engines 2022 年 7 月公布的排名情况，部分国产数据库如腾讯云的 TDSQL 数据库、涛思数据的 TDengine 数据库、人大金仓的 KingBase 数据库、PingCAP 的 TiDB 数据库、易鲸捷的 EsgynDB 数据库等均榜上有名。

纵观国内智能建筑国产产品的发展，正是我国综合国力迅速增长在建筑产业领域的体现。行业企业目前已经具有相当规模的研发实力和实践经验，未来 10 年将是中国智能建筑企业及其产品在国内稳步发展、积极开拓国际市场的难得机遇，并将成为中华民族复兴的一张闪亮名片。

2. 集成应用

智能建筑产业从应用领域及其产品大致划分为十九个领域，相关产品研发和制造的企业，有的既专注于某一个特定领域，也有的同时涉足多个领域和行业。以下为应用在部分行业领域的系统产品，以及研发和制造的国内部分代表性企业，见表 2-12。

软硬件产品研发代表性企业（部分）　　　　表 2-12

序号	行业 / 领域	系统 / 产品	国内代表性企业（部分）
1	建筑设备监控 / 建筑能效监管系统	系统软件及应用软件、控制器、通信网络及其部件、各类传感器、各类执行机构等	同方泰德、和欣控制、源创中控、慧控、海林、台达、格瑞特等
2	综合布线系统	光纤 / 铜缆 / 大对数线缆、面板模块、配线架（数据 / 语音）、标准机柜等	普天、一舟、耐威、宇洪、爱谱、欢联等
3	信息网络系统	路由器、交换机、防火墙、服务器、网桥、集线器、网关、VPN 服务器、无线接入点、网管系统、网络安全及相关产品等	华为、新华三、锐捷、迪普、360、天融信等
4	语音通信系统	语音呼叫中心、模拟语音网关、数字语音网关、终端话机等	华为、中兴、中国信科等
5	视频监控系统	各种摄像机、管理平台软件及操控设备、图像存储设备、编解码器、监控显示器等	海康威视、大华股份、宇视、华为等

续表

序号	行业/领域	系统/产品	国内代表性企业（部分）
6	出入口控制系统	读卡器及其控制器（卡、指纹等）、执行机构（电动门锁、门磁、按钮等）、管理软件等	捷顺、达实智能、披克、立方、瑞立德等
7	停车库（场）安全管理系统	管理软件、出入口控制设备、道闸、摄像及显示设备等	捷顺、科拓、道尔、安居宝、车安等
8	火灾自动报警系统	报警控制器及各类模块、探测、声光报警器、消防电话、广播系统、联动控制器等	海湾、青鸟、利达、首安等
9	公共广播系统	设备音源、音源选择分配设备、信号放大设备、区域选择及传输设备、音量调节和终端扬声器、管理软件及中央控制设备等	迪士普、ITC、惠威、康通等
10	信息导引及发布系统	中心控制系统（软件及服务器）、终端显示系统（各类媒体播放机、音视频传输器及中继器、显示终端）、网络平台等	朗歌、德睿、方雅、慧峰等
11	电子会议系统	会议发言及讨论系统、同声传译系统、远程视频管理系统、集成控制系统、管理软件等	台电、ITC、中科信息、飞利信、科达等
12	智能家居	中控主机/网关、协议网关、各类传感器、智能开关及插座、温控器、智能门锁、影音控制设备、智能家电、固定或移动操作平台及系统软件等	海尔、华为、美的、欧瑞博、博联、狄耐克等
13	机房工程	包括服务器、工作站、模块化机柜、UPS供电、精密空调等	华为、浪潮、曙光、易事特、维帝等
14	数据综合管理应用平台	智慧社区、智慧园区、智慧工厂、智慧办公、智慧公安、智慧城市等大型综合型智能系统应用管理平台软件等	华为、同方泰德、三局智能、太极股份、讯飞等

2.1.5 人才体系

1. 专业支撑

智能建筑是跨学科的复合型应用技术专业，它以建筑学、能源、健康环境、机电设备、物业管理和建筑物理等专业为基础学科涉及通信网络、电子、计算机、自动化、软件和人工智能等信息技术学科。根据国家标准《学科分类与代码》GB/T 13745—2009学科分类的定义，尚未设置智能化或智能建筑学科，根据表2-13分类，智能化专业工程师应具有一类学科"动力与电气工程""电子、通信与自动控制技术"及"计算机科学技术"的学术水平或技术能力。因此，智能建筑专业工程师必须具备多学科多专业的综合能力，方能够胜任规划、设计和工程实施管理等专业性工作。

智能建筑技术相关学科分类　　　　　表2-13

学科分类代码	学科分类名称（一级学科）	学科分类代码	学科分类名称（二级学科）
470	动力与电气工程	470.40	电气工程
		470.99	动力与电气工程其他学科
510	电子、通信与自动控制技术	510.10	电子技术
		510.40	信息处理技术
		510.50	通信技术
		510.60	广播与电视工程技术
		510.80	自动控制技术
		510.99	电子、通信与自动控制技术其他学科
520	计算机科学技术	520.10	计算机科学技术基础学科
		520.20	人工智能
		520.30	计算机系统结构
		520.40	计算机软件
		520.50	计算机工程
		520.60	计算机应用
		520.99	计算机科学技术其他学科

2. 人才结构

截至2022年，智能建筑从业人数约为200万人，比上年末减少8.19万人（下降3.93%），连续三年呈下降趋势，如图2-9所示。我国智能建筑行业已进入自主创新和高质量发展时期，随着产业工人逐步退出，以数字化转型和新型建筑工业化时代，对工程建造数字化、智能化和信息化的新型高度融合型人才的需求急剧增加。具备工程建造技术和项目管理经验，又掌握BIM技术、装配式建筑技术、绿色建筑技术和建筑大数据等新技术的高度融合型、复合型专业技术人才同比增长10%以上，从业人员的知识和技能进入迭代期。

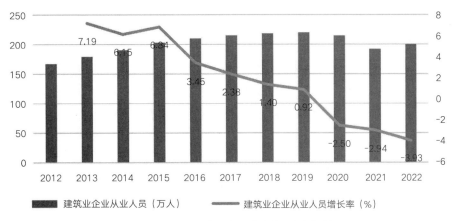

图 2-9 2012～2022 年智能建筑从业人数增长情况
（数据来源：2022 年建筑业发展统计分析）

智能建筑从业人员按照行业分工可分为设计咨询人员、施工人员、产品供应人员、研发人员、运维人员和其他相关人员。其中，设计咨询人员约占 10%、施工人员约占 50%、产品供应人员约占 30%、研发人员约占 3%、运维人员约占 5%、其他相关人员约占 2%，如图 2-10 所示。

智能建筑从业人员按照职（执）业资格可分技术人员、项目经理、技术工人及其他相关人员。技术人员职称分为初级、中级、高级；项目经理执业资格分为一级建造师、二级建造师；技术工人职业资格分为高级技师、技师、高级工、中级工和初级工；其他相关人员包括注册造价师、施工员、质检员、材料员、安全员等。取得证书后可从事相应的职业。目前全国从事智能建筑行业人员中，技术人员约占 20%；项目经理约占 5%；技术工人约占 60%；其他相关人员约占 15%。从业人员结构正在逐步优化，如图 2-11 所示。

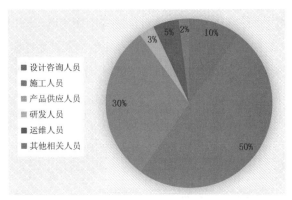

图 2-10 智能建筑从业人员构成（按行业分工）

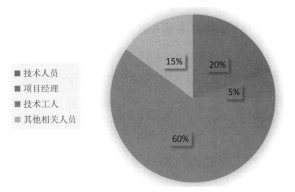

图 2-11 智能建筑从业人员构成 [按职（执）业资格]

3. 人才培养

行业从业人员目前的知识结构以自动控制、计算机、通信和机电等多专业的综合贯通复合型应用技术为主。高等院校和职业学校开设"建筑电气与智能化专业""智能建筑专业""智能建筑工程技术专业""建筑工程管理专业""智能建筑设备安装与运维"和"工程造价专业"等智能建筑相关专业，从业人员除了需要接受院校的专业培养，还需要经过工程实践，方可成为行业有用人才。

2018年教育部首次将智能建造纳入我国普通高等学校本科专业，2020年住房和城乡建设部等13个部门联合印发《关于推动智能建造与建筑工业化协同发展的指导意见》，提出加大人才培育力度，各地要制定智能建造人才培育相关政策措施，明确目标任务，建立智能建造人才培养和发展的长效机制，打造多种形式的高层次人才培养平台。

（1）行业人才培养标准

根据行业数字化转型和高质量发展的要求，充分发挥人才培养标准在质量提升中的基础性作用，按照专业设置与产业需求对接、课程内容与职业标准对接、教学过程与生产过程对接的要求，持续更新并推进专业目录、专业教学标准、课程标准、顶岗实习标准、实训条件建设标准等不断完善。新时期智能建筑行业的人才培养标准应聚焦以下四种能力：①跨学科专业能力。具备扎实的计算机技术和信息技术的应用能力，掌握新一代信息技术应用、装配式建筑、机器人、3D打印和生产、互联网可穿戴设备、人工智能和深度学习等跨学科知识的基本理论及其应用。②创新发展能力。具备创新思维和创新能力，新型建筑工业化关键要素、满足行业对新技术、新服务和新模式等发展要求。③工程建造能力。掌握土木、机电、材料、建筑工业化等学科知识，具备智能建造关键要素、新型建筑工业化实施和建筑施工工艺等基本能力。④工程全寿命期管理能力。掌握建设工程全寿命期综合管理理论及其相关实施能力的持续培养。

（2）行业多层次人才培养体系

①院校培养体系：随着智能建筑、智慧城市、新型建筑工业化和智能制造等科研项目的实施落地，相关院校正在推进跨学科专业集群体系建设，出台高水平人才培养专项计划，建设以建筑信息化为核心的专业学科，强化科研平台支撑，加大建筑基础学科、现代工程和信息化等交叉学科建设、高度融合型人才的培养。②企业培养体系：企业肩负着培养数字中国时代新人才的重任，通过探索"依托行业，校企合作和工学结合"的人才培养模式，并在智能建筑行业转型升级的过程中，通过新技术技能、工具软件和流程职责学习，使员工随着行业前沿技术发展，与时俱进地更新知识和技能，支撑智能建筑产业升级。③社会培养体系：社会培训的主导机构承担了为政府、智能建筑行业培养

基础层的复合型技术和管理人才的任务，通过新技术、新技能、工具软件和实训操作的学习进行知识更新，培养从业人员的智能化和信息化融合应用能力和运维能力。

（3）专业化实用人才继续教育

①培育专业技术管理人才：培育智能建筑各专业条线的人才，建立设计、生产、施工和管理等专业人才队伍的继续教育；②培育技能型产业工人：完善智能建筑从业人员技能水平评价体系，促进学历证书与职业技能等级证书融通衔接。打通产业工人职业化发展道路，加强职业技能培训，培育产业工匠队伍；③加大后备人才培养：推动新型建筑工业化相关企业开展校企合作，通过校企共建相关产业学院，支持院校对接智能建筑行业发展的新需求，为行业的可持续发展提供后备专业人才保障。

2.2 新技术融合应用

在计算机、通信、网络、多媒体等领域发展的一系列新技术，包括人工智能、物联网、云计算、大数据、区块链、生物识别等，些技术具有高效、智能、互联、安全等特点，对于加快经济、社会、文化发展具有重要的推动作用。

由住房和城乡建设部"十四五"建筑业发展规划，以及住房和城乡建设部联合工业和信息化部等13个部门印发的《关于推动智能建造与建筑工业化协同发展的指导意见》等相关文件中，都提出"加快推动新一代信息技术与建筑工业化技术协同发展，在建造全过程加大建筑信息模型（BIM）、互联网、物联网、大数据、云计算、移动通信、人工智能、区块链等新技术的集成与创新应用"。新一代信息技术与智能建筑的结合已经成为未来行业的发展方向，两者的结合将实现智慧化、高效化和可持续化的建筑形态。本报告从以下三个方面进行具体分析：

1. 新型技术体系

新一代信息技术与智能建筑的结合将驱动行业形成新型创新生态，例如，新型技术架构、新系统产品和新应用场景，为人们提供更加安全、舒适、便利的生活和工作环境。

2. 创新技术应用

以新一代信息技术与智能建筑的结合，实现人、建筑与信息的融合，将智慧融入管理、服务、生活和各类建筑功能的应用场景之中。举例如下：

（1）物联网技术通过全面智能感知建筑内外的信息，实现人、环境和建筑设备的智能化连接和集中控制，实现智能化的设备监测、故障预警和维修管理，通过智能交互等手段提高建筑的能源利用效率和安全性能。

（2）大数据技术将助力智能建筑实现精准化管理，定制化服务。例如，通过对建筑内部环境、人流、设备等数据进行分析，实现精准化调控和服务。通过对建筑内部和周边环境的数据进行收集和分析，为建筑管理者提供运营分析、决策支持和优化建议。同时，大数据技术可以帮助企业优化工程管理、产品研发、供应链和销售等环节，提高效率和降低成本；可以为建筑用户提供更加人性化的服务和体验。

（3）云计算技术为智能建筑提供了强大的计算和存储能力，实现大规模数据的处理和应用，提供更加灵活、高效、安全的建筑管理和服务平台，以及新型商业模式，为用户提供智能办公和智能家居等。例如，通过将建筑内部的数据上传到云平台进行分析和处理，实现更加精准的能源管理和服务。云计算技术还可以帮助建筑企业实现灵活的IT资源配置，降低成本和提高效率。

（4）人工智能技术在智能建筑中将扮演智慧大脑的角色，通过处理和分析大量数据，实现建筑的自主化和智能化，包括智能安防、智能照明、环境舒适度智能调节等，同时也可以为建筑用户提供更加便捷、智能、个性化的服务和体验。

（5）BIM为建筑工程提供全方位的信息支持，包括设计、施工和运维等，BIM与5G技术的结合，将实现更高效的远程协作和数据分享。CIM可以将城市内的各种建筑、设施和资源进行集成管理，实现智能化的城市规划和管理。

（6）数字孪生技术是信息化发展到一定程度的必然性结果，正成为人类解构、描述、认识物理世界的新型工具。随着建筑业的转型升级，数字孪生技术应用于建造领域并推动智能建造的发展，是其在智能建筑领域运用的一个重要发展方向。将实际建筑和虚拟建筑进行融合，是建筑行业实现智能建造的核心技术，并真正实现对建筑的全方位监测和管理。例如：①通过感知设备采集建造过程的数据信息，对建筑物实体的各要素进行监测和动态描述，提高施工的效率；②在数字孪生技术架构下，数据处理层可以分析历史数据，检查结构性能变化的原因，并揭示各类建造风险的关系，对施工现场起到指导性的作用；③数字孪生驱动的建造过程对结构的监测也能起到关键作用，可以智能地定位结构损伤位置，判定损伤程度，评估安全性能。

（7）元宇宙技术可以为智能建筑带来更加真实的用户体验，例如通过VR（虚拟现实）技术让用户在虚拟环境中体验建筑设计效果。区块链技术可以实现建筑工程的信息安全和可追溯性，为智能建筑的安全运营提供支持。

3. 产业链迭代

在智能建筑行业数字化转型的背景下，新一代信息技术的应用，将推动智能建筑的设计、建造、运营和维护等环节的创新，进而迭代和重构智能建筑产业上下游产业链。

本报告选取了新一代信息技术中的关键技术，首先，对该技术的发展进行概述；其次，简要分析该技术的产品应用；最后，描述该技术在智能建筑领域的应用场景，使相关人员能够从中了解智能建筑领域的技术发展和应用情况。

2.2.1 新一代信息技术应用

1. 大数据技术应用

（1）大数据技术发展概述

数据已经成为数字经济时代新的生产要素，使用大数据技术对海量数据进行分析，挖掘数据的潜能，发挥数据的价值已成为新时代的命题。1961年美国通用电气公司开发了第一个数据库"Integrated DataStore"，随后IBM开发了层次数据库IMS，Oracle推出了关系型数据库，SQL语言也成为数据库领域最重要的标准查询语言。进入20世纪90年代，商业智能的需求越来越旺盛，催生了数据仓库。互联网时代带来了海量信息，传统数据仓库已无法支撑起数据分析需求，因此互联网巨头开始另辟蹊径。2003年谷歌发表了分布式处理技术Map Reduce、列式存储Big Table和分布式文件系统GFS三篇论文，奠定了现代大数据技术的理论基础。2005年雅虎资助Hadoop按照三篇论文进行了开源实践，正式拉开了大数据时代的序幕，随后产生了数据分析工具Hive，资源调度框架Yarn，流式计算技术Storm、Flink、Spark Streaming和非关系型数据库等技术，大大提升了大数据的易用性和性能。随着大数据技术门槛的降低，人们将更多的精力投入到如何进一步降低成本、更好地管理数据、挖掘数据的潜力中。将数据抽取、数据存储、数据处理、构建数据仓库、多维分析和数据可视化等一整套流程以平台即服务的模式提供给用户，大大提高数据的研发效率，让数据像在流水线上一样快速完成加工，原始数据变成指标，出现在各个报表或者数据产品中，通过数据服务化，提高数据的共享和赋能业务能力。

（2）大数据技术和产品应用

大数据技术和产品可以分为计算、搜索与分析、可视化、治理与开发四类。计算类是大数据应用的基石，Hadoop通过生态圈的高性能大数据组件，支持数据湖、数据仓库、BI 和 AI 融合等能力，并同时支持混合云和公有云两种形态。搜索与分析是大数据应用的核心能力，云搜索服务为用户提供结构化、非结构化文本，以及基于 AI 向量的多条件检索、统计和报表，可以用于搭建日志分析平台。可视化是大数据应用价值呈现的关键，通过一站式数据可视化平台，适配云上、云下多种数据源，提供丰富多样的 2D、3D 可视化组件，帮助企业快速定制和应用属于自己的数据大屏。治理与开发是大数据应用可持续的保障，通过搭建数据全寿命期一站式开发运营平台，提供数据集成、数据开发、数据治理、数据服务和数据可视化等功能，支持行业知识库智能化建设、大数据存储以及大数据计算分析引擎等数据底座，帮助用户快速构建数据运营能力。

（3）大数据技术智能建筑应用场景

智能建筑行业正在探索大数据技术从建筑规划、设计、建造到运营的全寿命期应用，各类业务从数据产生、传输、共享和应用形成完整的信息链，建立统一的数据应用模型，实现建筑从规划到运营的全业务和全过程的大数据应用体系。

随着人工智能应用的不断成熟，云计算和大数据等信息基础设施的完善，应用"决策"和"自学习"成为一种可靠能力，并支撑建筑向智慧的深度发展：①在规划和设计阶段运用大数据分析和人工智能技术可以提取海量实际项目的设计元素，学习现有的标准与规范，而后辅助设计人员进行设计，提供最优化的设计建议；②在建造阶段通过对历史项目的数据分析得出不同天气、时间、施工方法、人员组成、材料设备等因素对工程施工进度、质量和成本的影响，从而得到优化的施工组织方案；③在运营阶段基于建筑设备的历史运行数据建立数据分析模型，实现对建筑机电设备故障的诊断预测与健康管理；通过多栋建筑的能耗、碳排放数据对比分析找到低碳节能的关键要素。

2. 云计算技术应用

（1）云计算技术发展概述

1958 年约翰·麦卡锡提出将计算机的批处理方式改造成允许上百用户同时使用的分时方式，是云计算梦想变为现实迈出的第一步。随着云计算的发展，谷歌、微软等巨头纷纷进入云计算的市场，陆续出现了 IaaS、PaaS 和 SaaS 等平台和公有云、私有云、混合云等形态。2013 年云原生概念被提出并逐渐成为云计算市场的技术新热点，从容器、微服务转向服务器无感知、编排及管理、监测分析和场景化应用等，解决以"应用为中心"的问题，使各行各业更好地运用数字技术，提升在价值链中的位置。

（2）云计算技术和产品应用

云计算技术和产品应用，从其所提供的服务内容可分为IaaS、PaaS和SaaS三大类，如图2-12所示。

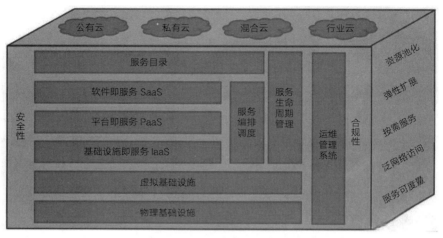

图2-12 云计算服务参考架构

① IaaS（Infrastructure as a Service）是基础设施即服务，指IT基础设施作为一种通过网络对外提供的服务，并根据用户对资源的实际使用量或占用量进行计费的一种服务模式。IaaS是云计算中最基础的服务，也是应用最广泛的服务，无论是亚马逊、微软、谷歌，还是国内的华为和BAT，都非常重视IaaS的建设。例如，华为云打造的"全球一张网"，用于服务全球的客户，已在全球29个区域布局、75个可用区，覆盖170多个国家和地区，帮助客户实现一点接入，业务可达全球，打造50ms用户优质体验服务圈，并向用户提供混合云、全栈专属云、公有云、近场边缘、现场边缘等多种部署模式云服务。

② PaaS（Platform as a Service）是平台即服务，指将软件研发的平台作为一种服务提交给用户。PaaS抽象屏蔽了硬件和操作系统细节，可以无缝地扩展，为生成、测试和部署软件应用程序提供工作环境，开发者只需要关注自己的业务逻辑，不需要关注底层。随着PaaS的不断演变，其服务内容越来越丰富，例如，平台企业提出的技术即服务，将操作系统、数据库、区块链、大数据、开发工具和中间件等技术归类为TPaaS（技术PaaS），将领先技术通过云服务的方式提供给客户与伙伴，让创新触手可及。

③ SaaS（Software as a Service）是软件即服务，即通过网络提供软件服务。SaaS平台供应商将应用软件统一部署在自己的服务器上，客户可以根据工作实际需求，通过互联网向厂商订购所需的应用软件服务，按订购的服务数量和时间长短支付费用，

并通过互联网获得 SaaS 平台供应商提供的服务。如明源云、广联达、左邻永佳等公司都在自己擅长的领域向用户提供不同的 SaaS 服务。

（3）云计算技术行业应用场景

云计算为智能建筑行业带来新工具和新应用，为智能建筑海量数据的计算与存储奠定了基础，配合边缘计算一同使用，已成为推动智能建筑应用更加智能化的核心动力。①数据资源管理。云计算用于智能建筑的数据资源管理，通过云计算技术，解决了建筑感知和运营海量数据的存储，实现对大量数据的快速处理和分析。②云边协同，解决物联网数据传输和处理。通过在云端搭建统一的全局管理平台，在云端对边缘应用进行全寿命期管理，支持海量异构边缘节点接入，对分布式的边缘计算节点进行统一管理，联动云端和边缘计算节点间的数据，并通过云边协同将 AI 算法部署到边缘计算节点，对边缘计算资源进行远程管控、数据处理、分析决策和智能部署等操作。③建筑能耗管理。云计算可用于智能建筑的能耗管理，通过对建筑内部的传感器和控制系统进行数据采集和分析，实现对建筑内部的能耗和碳排放进行优化和管理，通过智能算法和大数据分析，实现对建筑能耗的实时监控和预测。④智能安防管理。云计算用于智能建筑的安防管理，通过在建筑内部部署监控设备和传感器，提取视频和图像数据进行分析，通过云计算技术实现人员进出管理和安全监控管理，可大大提高安全性和效率。

3. 物联网技术应用

（1）物联网技术发展概述

物联网是万物传递信息的桥梁，通过对万物终端所产生的信息进行感知和采集，利用物联网络汇集海量数据，并对这些数据进行收集、分析和处理后，将结果通过物联网络反馈回终端并指导终端行为。物联网通过智能感知、识别技术、普适计算和泛在网络的融合应用，被誉为继计算机和互联网之后世界信息产业发展的第三次浪潮。目前，多个国际组织，如 ITU、ISO、IEC 和 oneM2M 等正在致力于物联网的技术和标准化研究，如何实现跨平台的信息融合、减少并消除行业竖井化信息孤岛，是未来智能物联网需要面对的挑战。

纵观物联网的发展可以看出，数据收集是基础，信息提取是关键，知识创造是核心，跨界融合是关键。可以预见，未来在海量感知终端部署与海量物联网信息存储的基础上，物联网的发展必将从信息化与智能化过渡为知识化，构建具有灵活性与普适性的软/硬件平台，实现跨行业、跨平台信息融合，已成为智能物联网未来发展的迫切需求。由于政策的推动以及利益导向，未来行业内部以及行业间的信息交互将成为趋势。物联网技术的发展,不是对现有技术的颠覆性革命,而是通过对现有技术的综合运用,进一步结合先进技术(如:人工智能、机器学习等),实现全新模式转变来实现智能物联网。

(2)物联网技术和产品应用

物联网的技术架构分为四层,分别为感知层、传输层、平台层和应用层。其中,感知层是物联网的底层,是物联网应用和发展的基础,感知层利用 RFID 技术、传感等技术,实现对物理世界的智能感知、识别及控制等;传输层分为有线传输和无线传输,无线传输可按距离分为短距离传输和长距离传输;平台层由四大子平台构成,分别为连接管理平台、设备管理平台、应用使能平台和业务分析平台,分别承担终端连接、设备管理、以中间件等方式赋能应用以及对业务数据分析等功能;应用层涵盖应用领域,目前在应用领先的领域为物流、交通、安防、能源、医疗、建筑、制造、家居零售和农业,是一个巨大体量和有待开发的市场。目前,物联网产业的整体规模正在逐年扩大,应用领域也在不断拓展,产业链结构趋于完整,以 ARM、Intel、博通、高通和 TI 等为代表的半导体企业针对低功耗、大连接的物联网应用场景纷纷推出专用芯片产品,微型化、低成本、低功耗的光、温湿度、气压等微机电系统(MEMS)传感器和陀螺仪等在物联网终端被广泛内置。

(3)物联网技术智能建筑应用场景

物联网不仅是网络,更是业务和应用,是互联网的应用拓展,以智能建筑、节能减排、智能安防、智能家居、建筑工程、车联网、智能电网和远程医疗等应用领域为代表,为人们生活提供更大便利,提高公共服务资源调配效率。未来智能建筑所应用的传感器、自动化、网络以及嵌入式系统等技术核心就是物联网技术。其运用包括:①智能制造领域是物联网的一个重要应用领域,在建筑行业智能制造和建筑工业化过程中,将机器人、加工设备、PLC 控制器、智能化仪器仪表等设备接入物联网,采集设备的数据传输到云平台后,完全解决设备与设备、设备与人之间采用分别的交互通道和方式,自动和智能地实现数据分析和控制管理;②将物联网应用于智能家居系统,以提高生活的舒适、安全和能源优化。在专用的网络中,以智能手机为操作平台,实现对日常家电进行调整、控制和管理;③智能监控是物联网的重要应用场景,在灾情发生的时候对建筑内部的人员进行定位、对超高层建筑钢结构的监控;智能安防中门禁、报警和监控数据互通应用,以及利用视频监控实现智能判断;④充分利用自然资源,减少能源消耗并优化能源使用,无线网络传感器根据建筑的温度、湿度、空气和照明等因素的实时、自动地监控适配最低功耗模式,自动调节用能系统,实现建筑的绿色低碳目标。

4. 人工智能技术应用

（1）人工智能技术发展概述

人工智能技术历经 60 余年发展，经历了三次浪潮，当前正处于第三次发展浪潮之中。①第一次浪潮（20 世纪 60 年代及以前）：人工智能的起源可以追溯到阿兰·图灵 1936 年发表的《论可计算数及其在判定问题中的应用》，1956 年达特茅斯学院召开的研讨会中正式提出"人工智能"这一概念，标志着人工智能学科的诞生。20 世纪 60 年代，人工智能出现了第一次高潮，初步萌芽了自然语言处理和人机对话技术。②第二次浪潮（20 世纪 70 年代~21 世纪 10 年代初）：基于行为的机器人学习在罗德尼·布鲁克斯（Rodney Brooks）和萨顿（R.Sutton）等人的推动下快速发展，成为人工智能一个重要分支。在这个时期机器学习算法百花齐放，百家争鸣，多层感知机、语义网、支持向量机和话题模型 LDA 等，都是在这个时期出现，人工智能相关的各个领域都取得长足进步。③第三次浪潮（2006 年以后）：2006 年，杰弗里·辛顿（Geoffrey Hinton）等人提出的深度学习，吹响了人工智能第三次浪潮的号角。IBM 的沃森（Watson）机器人于 2011 年战胜人类棋手获得冠军，2016 年谷歌推出的阿尔法围棋（AlphaGo）战胜围棋世界冠军李世石。基于基础理论的突破、算力成本的快速下降和海量数据的支持，人工智能终于迎来了全面爆发，目前人工智能已经广泛应用于各个行业。

（2）人工智能技术和产品应用

人工智能产业链包括三层面：基础层、技术层和应用层。其中，基础层是人工智能产业的基础，为人工智能提供数据及算力支撑；技术层是人工智能产业的核心；应用层是人工智能产业的延伸，面向特定应用场景需求而形成软硬件产品或解决方案。

①基础层：主要以硬件和 AI 框架为核心，这是支撑人工智能应用的前提。在人工智能领域，传统的芯片计算架构已无法支撑深度学习等大规模并行计算的需求，需要新的底层硬件来更好地储备数据、加速计算过程，因此除原有 CPU 外，GPU、FPGA、ASIC 等各种硬件被用于算法加速，尤其是并行计算单元的引入使人工智能训练效果显著提速。AI 框架是 AI 算法模型设计、训练和验证的一套标准接口、特性库和工具包，集成了算法的封装、数据的调用以及计算资源的使用，同时面向开发者提供了开发界面和高效的执行平台，是 AI 算法开发的必备工具。在 AI 框架领域，以华为为首的国内企业正在快速成长，例如，采用昇腾处理器结合华为 AI 框架昇思 Mindspore 和华为云，打造面向"端、边、云"的全场景 AI 基础设施方案，覆盖深度学习领域推理和训练的全流程。

②技术层：这是人工智能发展的核心，技术层主要依托基础层的运算平台和数据资源进行海量识别训练和机器学习建模，以及开发面向不同领域的应用技术，包含感

知智能和认知智能两个阶段。感知智能阶段通过传感器、搜索引擎和人机交互等实现人与信息的连接，获得建模所需的数据，如语音识别、图像识别、自然语音处理和生物识别等。认知智能阶段对获取的数据进行建模运算，利用深度学习等类人脑的思考功能得出结果，在此基础上，人工智能才能够掌握"看"与"听"的基础性信息输入与处理能力，向用户层面演变出更多的应用型产品。当前，国内的人工智能技术平台在计算机视觉、语音识别和语言技术处理等领域处于世界第一梯队，国内技术层公司代表性企业包括科大讯飞、格灵深瞳、华为、地平线、旷视科技和云知声等。

③应用层：主要是基于基础层与技术层实现与传统产业的融合，实现不同场景的应用。随着人工智能在语音、语义、计算机视觉等领域实现技术性突破，将加速应用到各个产业场景。应用层按照对象不同，可分为消费级终端应用以及行业场景应用两部分。消费级终端包括智能机器人、智能无人机以及智能硬件三个方向；行业场景应用主要是对接各类外部行业的 AI 应用场景。近年来，国内企业陆续推出应用层面的产品和服务，比如小 i 机器人、智齿客服等智能客服、"出门问问""度秘"等虚拟助手，工业机器人和服务型机器人也层出不穷，应用层产品和服务正逐步落地。

（3）人工智能技术智能建筑应用场景

①人工智能在智能决策领域应用。智能决策支持系统，是近年来兴起的将计算机技术、人工智能技术和管理科学有机结合统一调配、协同管理的一种新的管理信息技术。它是以管理科学、运筹学、控制论行为科学为基础，以计算机技术、信息技术为手段，为决策者提供决策所需要的数据、信息和资料，并对各种立案进行优化、分析、比较和判断，帮助决策者提高决策能力、决策水平、决策质量和决策效益，以取得最大经济效益和社会效益。

②人工智能在建筑安全分析领域应用。随着高清视频、智能分析、云计算和大数据等相关技术的发展，传统的被动防御安防系统正在升级成为主动判断和预警的公共安防系统，前端识别技术可以通过识别目标并持续跟踪生成图片结果，提取目标的可视化特征；模式识别技术对监控信息进行实时分析，使人力查阅监控和锁定嫌疑人轨迹的时间由数十天缩短到分秒，极大提升了城市安全；深度学习则依据采集、存储新一代人工智能应用所涉及的全方位数据资源，并基于时间轴进行数据累积，开展特征匹配和模型仿真，辅助更快、更准确地找到有效的资源，进行风险预测和评估。

③人工智能在建筑运维领域应用。在运营环节，5G 技术通过与人工智能、物联网、大数据等技术的结合，帮助商业综合体围绕人、货、车、场四大核心要素开展智能运营监测，形成场外基于消费者特征分析的智慧运营、场内基于客流洞察的数据运营以及基于智慧楼宇的智能运营，为态势感知、决策分析、营商服务、招商引资和消费服

务提供支持。在安防环节，5G 与超高清视频、人工智能等技术结合，提供云测温、智能预警和智慧巡场，提升公共空间卫生防控和安全管理效率。

5. 5G 通信技术应用

（1）5G 通信技术发展概述

通信网络技术的发展经历了 1G（1980 年模拟语音）、2G（1991 年数字语音和短信）、3G（1998 年语音和互联网接入）、4G（2008 年音视频、移动互联网接入）、5G（2020 年超大带宽、超低时延、海量接入）五个代际。代际演进的驱动力从开始的容量驱动到数据驱动，再到现在的商业驱动。据 GSMA 预测未来 5 年中 5G 连接数量将从 2020 年的 2 亿台增加到 2025 年的 18 亿台。业界普遍认为，6G 技术将在 2030 年开始应用，因此无论从业务场景、网络技术，还是产业进程、部署节奏等各方面而言，未来 3～5 年仍将是 5G 发展的关键时期。

（2）5G 通信技术和产品应用

5G-Advanced（5G 扩充与增强）演进在技术上呈现为 ICT 技术、工业现场网络技术、数据技术等全面融合的趋势。对于 IT 技术，5G-Advanced 的演进中需要综合云原生与边缘原生的特点，通过同一个网络架构实现两者的平衡，最终走向云网融合、云网一体的长期演进方向。对于 CT 技术，5G-Advanced 需要进一步发挥网络融合的能力，这些融合包括对不同代际、NSA/SA 不同模式的融合，也包括对个人消费者、家庭接入与行业网络的融合。此外，随着卫星通信的演进，5G-Advanced 核心网也将为面向地海空天一体化的全融合网络架构做好准备。

除 ICT 技术外，未来将有更多的来自生产运营的需求，并通过 OT 技术（Operational Technology）为移动网络带来新的基因。例如面向工业制造的产业互联网与传统消费互联网不同，需要在引入 5G 的同时支持极简组网方式。OT 与 CT 的融合将成为移动网络发展的重要方向，5G-Advanced 网络将成为构建工业环境下人、机、料、法和环全面互联的关键基础设施，实现工业设计、研发、生产、管理和服务等产业全要素的泛在互联，是工业数智化转型的重要推动力。此外 5G 网络与大数据、AI 等技术结合，可以实现更加精准的数字提取，基于丰富的算法和业务特征构建数据模型，基于数字孪生技术做出最合适的分析判断。5G-Advanced 的关键技术包括：

①网络智能化。随着 5G 网络的演进，网络变得越来越复杂，网络运维的复杂性也相应增加，这就要求网络是一个高度智能化、高度自动化的自主网络。一方面网络需要根据自身和环境的变化，自动调整以适应快速变化的需求；另一方面，网络也需要根据业务和运维要求，自动完成需要的网络更新和管理。

②天地一体化网络融合。在偏远地区，例如区、沙漠、远洋等，5G 网络建设和维护的成本极高，因此无法通过传统地面 5G 基站在偏远地区提供无缝的 5G 网络覆盖。宽带卫星通信已经可以地面蜂窝网络难以比拟的成本优势来实现广域甚至全球覆盖。因此，5G 网络融合卫星通信，共同构成全球无缝覆盖的天地一体化综合通信网，满足用户无处不在的各种业务需求。

③交互式通信能力增强。当前用户实时通信的诉求不再局限于音视频，触、摸、拖、拽等操作的互动，针对同一事务共同协作，沉浸式视频通信已经成为市场需求，交互式通信与分布式融合媒体、增强多媒体通信数据流协同等技术将进一步增强交互式通信能力。

④定位测距与感知增强。5G 定位可以提供对人员及车辆定位管理、物流跟踪、资产管理等场景的支持，车联网要求定位精度达到厘米级，在网络边缘提供低时延、高精度的定位能力尤其重要。

（3）5G 通信技术智能建筑应用场景

5G 通信技术正式商用以来，在技术标准、网络建设和产业发展等方面取得了积极进展，为 5G 应用奠定了坚实基础。目前我国 5G 应用场景已经覆盖 20 个以上的国民经济重要行业，在工业制造、医疗等多个领域应用场景加速规模落地，5G 赋能效果逐步显现。在媒体、文旅等行业，5G 赋能 4K/8K 全景直播、景区无人接驳车和生态管理等文旅应用，提升游客体验，提高景区、场馆等智能化管理与服务水平；医疗行业中 5G+ 急诊急救、远程会诊、远程诊断、健康管理的应用，有效提升诊疗服务水平和管理效率；工业行业围绕研发设计、生产制造、运营管理和产品服务等环节，形成 5G+ 质量检测、远程运维、多机协同作业等典型应用，有效推动工业智能化制造，助力工业企业数字化、网络化和智能化转型。下面列举部分应用场景：

①建筑物联网。5G 技术可以实现建筑物的物联网应用，如建筑物内的传感器、设备等的联网管理，提高建筑物的智能化和自动化程度。

②工地管理。5G 技术可以实现工地的远程管理和协作，如工地的实时监控、远程指挥、物流管理等，提高工地管理的效率和减少不必要的人力和物力浪费。

③虚拟现实和增强现实。5G 技术可以实现虚拟现实和增强现实在建筑行业的应用，如建筑物的虚拟漫游和增强现实的建筑设计和施工，提高建筑设计和施工的效率和质量。

④智慧商业综合体。商业综合体是现阶段典型的城市人流和零售多业态聚集地，具有高频次、大流量、趋势性的消费特点，5G 融合创新技术可以助力商业综合体在游购、营销、娱乐、运营、安防等环节提升沉浸式消费体验和智慧运营效率。

在游购环节，5G 与边缘计算、室内定位、AI 视觉识别、数字孪生等技术结合为商业综合体，低成本、高效率打造 5G 室内精准定位服务，解决消费者寻车难、找店难等痛点。5G 实时将空间信息回传至本地边缘计算平台，有效缓解室内 GPS 导航精度低、传统室内定位硬件成本高、Wi-Fi 指纹及蓝牙基站密度低等问题。

在营销环节，依托 5G 网络大带宽、低时延、多并发特性，并与 AR/VR、8K+ 超高清视频、人工智能等技术结合，为商业综合体打造 AR 数字景观、AR 多人互动游戏、VR 云上逛店、AR 数字人直播等线上线下深度融合的体验式消费场景，打通会员积分、品牌营销与商业闭环，有效增强商业空间与消费者的连接和黏性，赋能体验式消费升级。在娱乐环节，5G 与云 VR 游戏、云 VR 视频新技术，以及与智能终端、智能家居、数字内容等新产品相结合，为商业综合体打造 5G 云 XR 娱乐空间、5G 信息消费体验馆等新型数字娱乐体验业态。

在运管环节，5G 技术通过与人工智能、物联网、大数据等技术的结合，帮助商业综合体围绕人、货、车、场四大核心要素开展智能运营监测，形成场外基于消费者特征分析的智慧运营、场内基于客流洞察的数据运营以及基于智慧楼宇的智能运营，为态势感知、决策分析、营商服务、招商引资和消费服务提供支持。在安防环节，5G 与超高清视频、人工智能等技术结合，提供云测温、智能预警和智慧巡场的服务，提升公共空间卫生防控和安全管理效率。

2.2.2 数字孪生技术应用

1. 数字孪生技术概述
（1）数字孪生技术发展概述

数字孪生的出现是信息化发展到一定程度的必然性结果，数字孪生正成为人类解构、描述、认识物理世界的新型工具。数字孪生技术与智能建筑的深入融合将有力推动智能建筑发展进程，成为建筑信息化时代产业变革的强大助力。近年来，数字孪生技术在智能建筑行业的应用进入了探索实践阶段，数字孪生契合了当前为智能建筑产业转型升级赋能的战略需求，是建筑在物理空间、社会空间、数字空间融合发展的基础技术手段。智能建筑数字孪生是智慧城市建设的创新源和发力点，智能建筑数字孪生的技术创新、产业发展、标准规范等将迎来快速发展期，呈现物理城市和数字城市并行共生的新格局。

智能建筑数字孪生将成为智慧城市的数字底座，为城市构建虚实共生的数字基础设施能力，目前智能建筑数字孪生已经从概念培育期加速走向建设实施期，随着物联感知、BIM 和 CIM 建模、可视化呈现等技术加速应用和融合。数字孪生是一套支撑数字化转型的综合技术体系，其应用推广也是一个动态的、演进的、长期的过程。数字孪生 = 数据 + 模型 + 软件，万物互联、虚实映射、实时交互的智能建筑数字孪生将成为赋能城市实现数字化转型、逐步实现城市可视化、可验证、可诊断、可预测、可学习、可决策和可交互的能力，构筑城市数字化转型"新底座"，如图 2-13 所示。

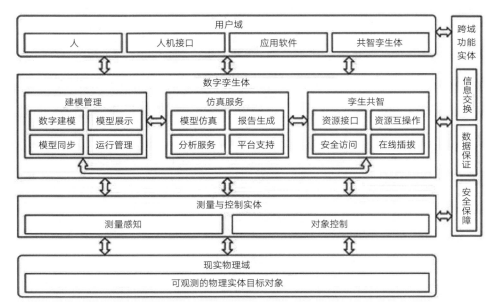

图 2-13　数字孪生系统参考架构图

（2）数字孪生技术和产品应用

①物联感知体系。面向智能建筑建立全域全时段的物联感知体系，实现城市运行态势的多维度、多层次精准监测，是实现数字孪生技术的关键基础。同时基于感知信息提供针对互联设备间的协同控制，实现万物互联、虚实互动，主要技术包括标识与解析技术、智能感知技术、实时监测技术以及协同控制技术等。标识技术是智能建筑中各物理建筑物联感知体系在建筑信息模型平台中的唯一身份标识；智能感知技术分为采集控制、感知数据处理，主要包括：传感器、条码、RFID、智能化设备接口、多媒体信息采集、位置信息采集等。

②智慧城市领域。近年来以城市大脑、城运中心、城市信息模型和智能建筑数字孪生运营管理为主的智能建筑数字孪生相关产业，市场规模不断发展扩大。随着城市数字化转型不断推进，智能建筑数字孪生作为城市新型基础设施和城市运营赋能平台，以各类时空基础数据、三维模型数据、业务系统数据、IoT 传感器数据为基础，结合

云渲染、API 场景调用中间件、数据中台等服务，通过数据全域标识、状态精准感知、数据实时分析、模型科学决策、智能精准执行，实现城市的模拟、监控、诊断、预测和控制，解决城市规划、设计、建设、管理和服务闭环过程中的复杂性和不确定性问题，全面提高城市物质资源、智力资源、信息资源配置效率和运转状态，成为数字孪生城市的内生发展动力。未来更多的信息管理系统将会与三维信息模型进行信息融合，实现从平面到立体，从二维到三维，从静态到动态的升级，同时随着智能建筑数字孪生技术的不断发展，实景三维的准确度也将从满足基本的城市管理到人工智能应用这种更高精度的过程演进。

③跨行业协作生态共融。围绕智能建筑数字孪生建设，跨行业协作生态共融已成为必然趋势。数字孪生的建设是以建筑为数字孪生主体，是智慧城市的组成部分，是一个涉及多尺度空间、多领域、跨部门的复杂系统工程。数据融合、技术融合和业务融合推动智能建筑数字孪生产业链上下游的多元主体在竞争中发展出共生关系，政府搭建开放合作平台，各大企业及互联网巨头主导生态建设，空间信息、BIM 模型、模拟仿真和人工智能等各环节技术服务企业积极参与；同时，运营商、技术提供商、集成商、设备供应商等产业链上下游企业及其他行业伙伴全面激活，联合打造数字孪生城市场景应用，形成共建数字孪生城市底座与开放能力平台的生态化发展模式。

（3）数字孪生技术智能建筑应用场景

数字孪生技术应用领域涉及各行各业，如图 2-14 所示。目前，在智能建筑的应用中主要有以下几个方面。

①建筑仿真推演。智能建筑数字孪生中仿真推演技术以建筑问题为导向，从建筑运行中各活动主体行为与要素流动过程着手，充分利用建筑运行中的部件物理模型、物联网感知数据、运行历史数据等，完成多维度、多层次和多学科的仿真推演，以支撑各行业的业务应用和建筑管理决策。智能建筑数字孪生仿真推演可以分为模型集成、引擎构建、引擎优化等核心环节。

②协同设计。基于数字孪生的设计，主要是应用 BIM 技术，不同专业可在数字孪生协同平台进行并行设计，同时进行建筑、结构和机电等模型的设计，克服了传统设计模式中设计周期较长，需要严格按照专业先后顺序，依次完成建筑设计、结构、机电等模型搭建的缺点，大大缩减了设计周期。同时可以通过基于 Web 的轻量化协同平台，应用展示和审核等工具，基于专题分析、模拟仿真、动态评估、深度学习等方法，进行场景仿真模拟，分别从设计和施工等人员的角度，对设计模型提前进行"图纸会审"，从而在源头上把控建筑的质量。

③智慧运维。基于智能建筑数字孪生感知化、互联化、平台化和一体化的手段，

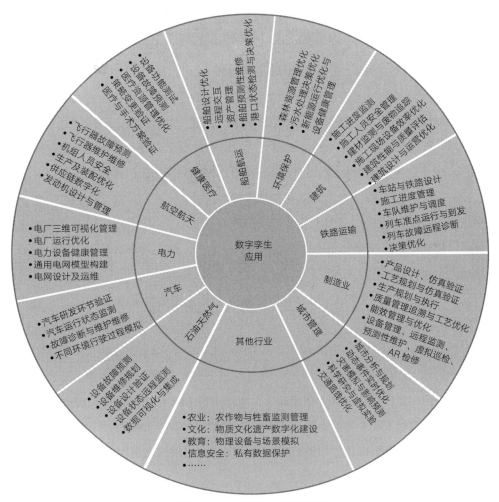

图 2-14　数字孪生技术应用领域

实时接入建筑 IoT 设备、资产、能源、设施及环境等数据，建立基于建筑实时运行状况的数字孪生场景，实现对建筑总体情况、设备运维、物业管理、安全管控、运营服务等全要素、全流程可查、可管、可控和可追溯，开创智能建筑的立体多维管理新模式，实现建筑经济可持续发展的目标。

④智能制造。建筑要实现全寿命期的动态监控、可视化呈现、融合性数据处理和数字化智能建造，必然依靠数字孪生等信息技术和智能设备，数字孪生是推动智能建造发展使能的技术之一。

2.BIM 技术应用

（1）BIM 技术发展概述

建筑信息模型（BIM，Building Information Model），以三维数字技术为基础，集成建筑工程项目各类相关信息的工程数据模型，在建设工程及设施全寿命期内，对其物理和功能特性进行数字化表达，是建设项目的规划、设计、施工和运维过程中进行数据共享、优化、协同与管理的技术和方法。BIM 技术作为行业数字化转型的驱动力之一，实现了建筑行业由传统 CAD 绘图到 BIM 建模及后续管理模式的变革。在国家"十一五"规划中将 BIM 列为国家科技支撑计划中的重点项目，《"十四五"建筑业发展规划》中再次明确提出加快推进建筑信息模型（BIM）技术在工程全寿命期的集成应用，健全数据交换和安全标准，强化设计、生产、施工各环节数字化协同，推动工程建设全过程数字化成果交付和应用。

从 1992 年 BIM 概念诞生，到 2012 年前后 BIM 在建筑行业应用普及，经历了约 20 年的时间，BIM 1.0 时代主要特征是三维可视化和绘图，BIM 2.0 时代以面向实施阶段 BIM 的综合应用为重点，逐步覆盖建筑全寿命期，并与信息领域新技术紧密结合。从 2013 年开始，BIM 在中国进入了一个快速发展的时期。住房和城乡建设部及全国各省市政府部门，连续颁布关于工程建设项目要求应用 BIM 技术的文件。2015 年 6 月，住房和城乡建设部发布《关于推进建筑信息模型应用的指导意见》，规定到 2020 年末，甲级的勘察设计院和特级、一级的房屋建筑施工企业必须具备 BIM 的集成应用能力，90% 的政府投资项目要应用 BIM 技术。

近年来，随着城市数字化转型发展，BIM 技术作为整个建筑业数字化和信息化的基础数据框架，承担着城市现代化建设的历史使命，BIM 技术与智能建筑的结合，标志着进入了 BIM 3.0 应用时代。在探索建筑业高质量发展路径，大力发展数字设计、智能生产、智能施工和智慧运维，BIM 应用也将从技术阶段转向管理与信息化深度融合阶段，逐步实现 BIM 技术在建筑全寿命期的智能化协同管理。我国的 BIM 应用虽然起步晚，但发展速度很快，拓宽 BIM 应用领域、创新应用模式，提高 BIM 软件的自动化程度与集成管理，完善数据模型信息，建立行业标准，应用 BIM 为社会和企业创造更大的价值是 BIM 技术的发展使命。

基于目前国内 BIM 应用现状和发展趋势，结合当前新一代信息技术的发展进程，BIM 技术有如下发展趋势：① BIM+ 云计算。云计算是一种基于互联网的计算方式，以这种方式共享的软硬件和信息资源可以按需供给使用端。BIM 与云计算集成应用，是利用云计算的优势将 BIM 应用转化为 BIM 云服务，目前我国尚处于探索阶段。针对当前建筑工程领域 BIM 云平台的应用需求，将 BIM 技术和云计算技术加以综合应用,BIM 工程云平台解决方案应运而生。② BIM+AI 技术。建筑工程的建设及运维过程中,复杂的机电系统及设备运行状态会产生大量的数据,综合应用 BIM 技术和 AI 技术,可以解决建筑建设运营过程中各类数据的采集、整理、存储、分析和智能化应用等使用问题。③ BIM+装配式技术。《"十四五"建筑业发展规划》中明确指出智能建造与新型建筑工业化协同发展的政策体系和产业体系基本建立,装配式建筑占新建建筑的比例达到30%以上,应用 BIM 技术实现建筑智能系统中精确的三维模型尺寸设计及定位,可以在工厂中将所需部件进行预制加工,然后运至现场进行安装,提高精准度,减少安装返工,节约时间和成本。④ BIM+互联网。为 BIM 技术全寿命期应用提供了强力的技术支撑,打造建筑业产业互联网平台,培育一批行业级、企业级和项目级建筑产业互联网平台。⑤ BIM+物联网。运用 BIM 技术和物联网结合,可以实现虚拟场景和实景视频相结合的可视化管理、准确定位、远程监控等。目前 BIM 在物联网中的应用还比较薄弱,但两者的结合具有广阔的前景和巨大的价值。BIM 是建筑业革命性的平台和技术,物联网是物与物互联的网络,通过其深度融合,将推动智能建筑向智慧建筑的快速进化。⑥ BIM+GIS。BIM 与 GIS 集成应用,通过数据集成、系统集成或应用集成来实现,系统整合后可应用于城市和景观规划、城市交通分析、城市微环境分析、市政管网管理、住宅小区规划、数字防灾、既有建筑改造等诸多领域,提高在建模质量、分析精度、决策效率和成本控制等方面的水平。

(2) BIM 技术和产品应用

BIM 系统由 BIM 核心建模软件、BIM 模型综合碰撞检查软件、BIM 可视化软件、BIM 造价管理软件、BIM 机电分析软件等各专业相关软件组成。① BIM 核心建模软件,主要有 Autodesk 公司的 Revit 系列软件,集成版本包括建筑、结构和机电系统功能;Bentley 是多行业集成 BIM 软件公司,包括建筑、结构和设备软件系列,其在工厂设计和基础设施领域应用面广泛;Dassault 公司的 CATIA 是全球高端的机械设计制造软件,在航空、航天、汽车等领域有着垄断的市场地位。② BIM 模型综合碰撞检查软件,主要有 Autodesk Navisworks、Bentley Projectwise Navigator 和 Solibri Model Checker 等。③ BIM 可视化软件,包括 3DSMax、Lumion、Artlantis、AccuRender 和 Lightscape 等。④ BIM 造价管理软件,国外代表性 BIM 造价软件有 Innovaya 和 Solibri,国内 BIM 管理软件以鲁班、广联达和清华斯维尔等企业为代表。⑤ BIM 机电分析软件,Trace 700 建筑能耗模拟软件,集成了各种空调设备参数模块,特别适用于数据中心的建筑能耗模拟。Ecotect Analysis 软件包含建筑能耗分析、热工性能分析、水耗分析、日照分析、影音和反射分析等功能全面分析软件。

（3）BIM 技术智能建筑应用场景

BIM 技术应用已经成为建筑全寿命期中的数据信息资源和信息化管理工具，目前行业正在探索实践 BIM 技术在建筑全寿命期的智能化协同管理、数据模型信息编码和行业相关应用标准，以下选取三个典型应用场景。

①勘察设计阶段。首先，根据既定的工程场地、地质水文条件、场地周边环境、预计成本和工期等信息，建立施工目标与设计的基本联系，提出初步的设计方案，利用 BIM 技术完成场地性能的仿真分析，对多个设计方案进行比对分析，以选出最优方案。具体的应用包括场地分析、建筑性能仿真分析、设计方案比选。其次，根据已经确定的方案内容，论证其技术可行性和经济效益是否最优，研究建筑、结构、机电各专业的设计方案，协调各专业设计的技术矛盾，并合理地确定技术经济指标。通过 BIM 进行碰撞检查，分析结构布局的合理性，基于 BIM 技术的具体应用包括建筑、结构和机电专业模型构建整合。最后，进行模型的制作和详细图纸的绘制。根据已经完成的工作，完成施工中的技术选择、材料购买、工艺做法等工作，利用 BIM 系列软件将其结合起来，检查质量、成本、进度的安排是否合理。具体的应用包括各专业模型建构、辅助施工图设计。

②建设施工阶段。建设施工阶段又可分为施工准备阶段、施工实施阶段和竣工验收阶段。施工准备阶段作为设计和施工之间的衔接，在施工单位中标后，需要完成深化设计工作和建设准备工作，为施工的实施制定合理的施工方案，其中 BIM 技术的主要应用有图纸审查、碰撞检测、净高分析、施工模拟等。在施工实施阶段，需要完成施工的管理控制与协调目标。BIM 技术的主要应用有工艺质量检测、进度跟踪、限额领材等。竣工验收阶段的主要工作有资料的交接和质量的勘察、工程量的结算等，通过 BIM 三维模型可以有效协助竣工验收工作的完成。

③运营维护阶段。BIM 技术在运营阶段的应用主要是制定运营阶段日常管理计划，根据每天发生的情况对计划进行实时优化调整，并根据调整过后的计划进行日常运营与管理，形成一个动态管理的过程。与此同时，可以利用 BIM 技术对突发情况进行模拟，例如运用 BIM+VR 技术模拟对火灾发生情况下的消防演练，以达到制定相应的安全防范措施、提高人员安全防范意识的目的。运营维护阶段的 BIM 技术应用可包括：运营系统建设、建筑设备运行管理、空间管理、资产信息管理、应急预案管理等。

3.CIM 技术应用
（1）CIM 技术发展概述

2021 年 6 月，住房和城乡建设部发布的《城市信息模型（CIM）基础平台技术导则》中对 CIM 进行了明确定义，即以建筑信息模型（BIM）、地理信息系统（GIS）和物联网（IoT）等技术为基础，整合城市地上地下、室内室外、历史现状、未来多维多尺度空间数据和物联感知数据，构建起三维数字空间的城市信息有机综合体，如图 2-15 所示。GIS 提供城市大尺度空间内的地形地貌、构造布局信息的管理与应用能力，BIM 提供城市微观尺度下的部件与构件信息的构造与管理能力。通过 BIM+GIS，整合城市地上地下、室内室外的空间数据体系，实现宏观微观一体化地管理、展现与分析应用，结合 IoT 技术对城市信息的多维度实时采集，实现历史现状未来多维度多尺度信息模型数据和城市感知数据的融合，最终构建起三维数字空间的城市信息有机综合体，并以此推动城市规划、建造和管理的新模式。

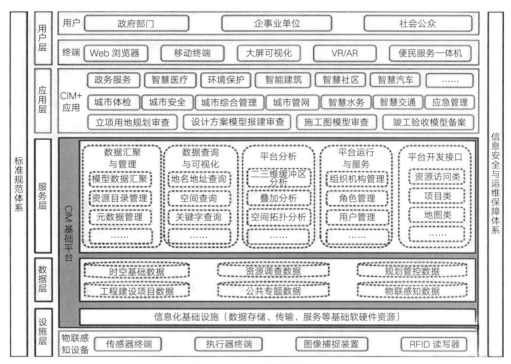

图 2-15 CIM 系统参考架构

（2）CIM 技术和产品应用

基于 GIS 进行信息索引及组织的城市 BIM 信息，能够直观反映出城市的功能划分、产业布局以及空间位置，而 CIM 则将视野由单体建筑拉高到区域甚至是城市，所涵盖的信息渗透至组织、城市基础设施以及各系统之间的生产生活等活动动态信息，可为大规模建筑群提供基于 BIM 数据的管理能力，因此，CIM 与 BIM 的关系是宏观与微观、整体与局部的关系。

基于CIM的智慧城市数字底座平台，实现地上场景、地下空间场景的真实三维表达，建筑、市政、交通、产业等系统的部件三维数字模型表达及对象标识，数字模型与建筑运行数据的对接，建筑健康环境、能源和人的活动的运行态势的基本仿真和预测推演。CIM平台作为智慧城市的应用中台，通过CIM中台整合与搭建上层业务系统，业务系统对空间信息的展示、浏览、分析、应用的需求由CIM平台统一提供，将城市的人、车、物以及跨区域、跨层级、跨系统的业务组成一个有机整体，打造闭环的业务一体化整合应用，促进城市管理业务全融合。为城市管理者提供全空间、全感知、全服务的智慧化管理服务，降低运营成本并提高运维效率。

（3）CIM技术智能建筑应用场景

CIM以城市信息数据为基础，建立三维城市空间模型和城市信息的有机综合体。从数据类型看，是由大场景的GIS数据+BIM数据构成。其运用场景举例如下：

①城市总体规划。将总体规划、市政、交通、环保、产业等各项数据全部汇聚到CIM平台上，实现空间信息共享和规划设计分析，例如日照分析、遮挡分析，结合地形地势、周边环境、区域内建筑等进行综合分析与可视化展现，实现仿真分析，辅助决策。

②城市更新中既有建筑改造。城市的建筑信息在不同时期以不同的方式储存，需要采用不同的方法来收集建筑物信息。例如，近年来建筑物具有存储在CAD或Revit中具备完整建筑信息格式，可以将其直接放到城市建筑信息模型中；而既有建筑，无法找到其设计图纸或其他信息，可以使用快速扫描技术获取建筑物的内部和外部信息，如外部墙面、材料、结构等，并通过CIM将其输入城市建筑信息模型，成为CIM的建筑模块组成部分。

③城市级项目协同实施。将项目安全、人员、进度、质量、成本等各项数据全部汇聚到CIM平台上，实现对工程项目的全方位掌控。例如针对进度管控，可将计划进度、实际进度均对接到CIM模型构件上，通过构件颜色变化来区分提前、正常和超期等不同状态，直观地了解项目进展；还可结合人员、事件等综合信息，分析项目进度滞后的原因，科学辅助决策。

④园区运营管理。将园区招商、产业、人员、安防、能耗等各项数据全部汇聚到CIM平台上，实现园区状态可视、业务可管、事件可控，助力园区精准服务与高效运营。园区作为城市的重要组成单元，需要为城市管理者提供数据接口，其中包括基于位置服务信息（LBS），更是城市应急、资源调配和网格化管理的重要数据。通过多维度GIS坐标系算法，准确提供运维人员和物品的全视角实时GIS坐标位置和行程轨迹信息，为园区的应急指挥、疏散、路径查询和引导提供数据基础。

4. 元宇宙技术应用

（1）元宇宙技术发展概述

元宇宙（Metaverse）由 Meta（超越或元）和 Verse（宇宙 Universe）两个词根组成。Metaverse 一词来自 1992 年的科幻小说《雪崩》，元宇宙起步于游戏，其概念长时间仅存在于文学与影视作品中，元宇宙是整合多种新技术而产生的新型虚实相融的互联网应用和社会形态，它基于扩展现实技术提供沉浸式体验，以及数字孪生技术生成现实世界的镜像，通过区块链技术搭建经济体系，将虚拟世界与现实世界在经济系统、社交系统、身份系统上密切融合，并且允许每个用户进行内容生产和编辑。这个阶段元宇宙的概念比较模糊，更多地被理解为平行的虚拟世界，随着技术演进，越来越多的游戏中集成了部分社交功能，这催化了元宇宙概念在游戏中的部分落地。

元宇宙被认为用于描述虚拟宇宙中持久、共享和三维虚拟空间的概念，随着芯片计算功能增强、云计算和通信等技术的出现，元宇宙的概念正在成为现实。目前元宇宙还没有公认的定义，从业界针对元宇宙的诸多讨论来看，元宇宙是整合多种新技术而产生的新型虚实相融的互联网应用和社会形态，它基于扩展现实技术提供沉浸式体验，以及数字孪生技术生成现实世界的镜像，通过区块链技术搭建经济体系，将虚拟世界与现实世界在经济系统、社交系统、身份系统上密切融合，并且允许每个用户进行内容生产和编辑，将对生活、工作、商业和经济带来深远影响。

（2）元宇宙技术和产品应用

元宇宙是一个复杂的概念，融合了几乎所有的高新技术，是经历了几十年的积累后，在 5G 基础设施、智能终端的显示屏、AI 芯片等技术不断发展演进，以及工业互联网、产业互联网、数字孪生和 VR 游戏等概念均不断成熟的背景下才正式爆发。元宇宙是整合多种新技术而产生的新型虚实相融的互联网应用和社会形态。当前实现元宇宙概念，包括三项关键技术：基于扩展现实技术提供沉浸式体验、数字孪生技术生成现实世界的镜像，以及通过区块链技术搭建的经济体系，将虚拟世界与现实世界在经济系统、社交系统和身份系统上密切融合，并且允许每个用户进行内容生产和编辑。

（3）元宇宙技术智能建筑应用场景

元宇宙技术在建筑行业的应用，是以基于 BIM 的数字孪生技术生成现实世界的镜像为基础，以物联网技术链接现实世界的感知数据，以移动互联技术实现人与现实世界的数据映射及人机交互，以云计算、大数据及人工智能技术构建智能建筑的数据处理体系。

①交互式设计。在方案阶段元宇宙可以提供一个在虚拟世界交流的空间，同时搭建虚拟设计方案模型，将各利益相关方集中在虚拟空间当中，面对未来的设计方案

模型进行共同讨论，突破沟通的空间限制，同时降低沟通的专业门槛。在设计阶段以 BIM 为基础，通过建立虚拟现实平台，借助扩展现实（XR）技术实现对建筑设计的可视化和分析，对设计进行推演和完善。这种基于虚拟世界使用户参与的建筑设计与交流空间的搭建方式，将是建筑全寿命期良好运营的有效保障。

②施工模拟技术。在施工阶段，元宇宙可以提供沉浸式体验和交流的场景，这一优势在施工模拟技术方面有较大潜力。在施工管理方面，借助 BIM 技术对工程对象进行了虚拟化施工模拟，实现施工监测可视化展示。XR 技术应用于沉浸式施工安全教育方面，目前借助 XR 技术实现的体验一般只支持单人的体验，但是在元宇宙中搭建的虚拟施工场景，可以实现多人协作。对于复杂工程施工，元宇宙技术也可以发挥其独特优势，比如，某项目中设计师提出了动态可变图案幕墙方案，图案会根据观察者位置和风向、光照变化而变化，幕墙由大量颜色形式各异的鳞片通过特定排布构成，完成该幕墙的安装对每一鳞片施工定位要求极高，需要结合不同的环境状态和人员观感进行反复地调整和优化。项目采用元宇宙技术，在虚拟和实体幕墙龙骨组合空间中，模拟不同人员视角及光照和风向状态，优化调整鳞片位置，确定每片鳞片最佳施工定位，从而帮助工人实现复杂幕墙结构的快速和精准安装。

③空间功能拓展与运营维护。在运维阶段，元宇宙可以拓展现实建筑物的功能活动空间，通过建设期 BIM 形成的静态信息与运行期生成的动态信息的信息融合，形成融合信息与人之间强交互的能力，构建虚拟世界与现实世界融合的场景，通过与现实建筑一致的虚拟建筑，并开放给用户在虚拟空间中活动，实现身临其境的沉浸式体验感，丰富既有建筑的体验，为建筑的运营模式带来新的拓展空间。在历史建筑的运营管理方面，建筑内部空间的静态数字孪生模型和人类在物理及虚拟空间中的行走动态数据共同组成了交互式沉浸体验。元宇宙技术支持的多人同时沉浸的社交模式可以使虚拟的历史建筑空间成为多人互动的虚拟交流空间，将会使历史建筑的运营产生更好效果。

④基于虚拟空间的建筑业交易。虚拟空间的建筑业交易首先构建虚拟房产平台，其去中心化框架支持用户通过代币购买虚拟房产与土地并通过开发、租赁、拍卖等交易手段获取利润。虚拟世界的用户也拥有现实世界资产，元宇宙为虚拟经济和现实经济的相互交织提供了可能，AI 和区块链技术正在加速这种关系的发展。此外，在元宇宙中与现实世界高度相似的虚拟世界亦可以作为一个城市规划与房产开发市场的评估沙箱，在现实世界中的经济政策实施之前对其进行测试，从而指导城市规划和相关产业布局。

5. 区块链技术应用

（1）区块链技术发展概述

区块链技术起源于化名为"中本聪"（Satoshi Nakamoto）的学者在 2008 年发表的奠基性论文《比特币：一种点对点电子现金系统》，自 2008 年以来，区块链经历了三个发展阶段。第一阶段（2009～2018 年），区块链从原有的虚拟货币应用逐渐趋向于实体经济应用，原有的币圈与链圈的炒作，也以链为发展方向而逐渐明晰。第二阶段（2018～2020 年），区块链以行业应用和服务民生应用为方向，并衍生出一系列适合不同场景的技术方案。在应用场景上围绕数字政务、金融、医疗、版权、工业、环保等主要行业开展应用试点，因此这一时期也出现了众多的区块链技术平台，也由此带来因多链带来的业务被割裂、多链难以互通的产业新问题。第三阶段（2020 年至今），区块链要打通单链孤岛，实现业务间的可信互通。由此看出，区块链一方面在加速技术自身的深度发展，夯实其作为基础设施的能力；另一方面需要围绕业务以端到端流程为根本，保障业务流、信息流等多流场景的端到端可信问题。

近年来，区块链技术通过不断地探索、试错已形成三点基本的产业共识。①区块链天生具备分布式与联盟属性。区块链依托这一属性围绕参与方共同的交易目标，实现可信的交易。②区块链在改变当前的交易模式。原有的交易模式以实物抵押或第三方担保的模式开展交易，虽然这种模式在 IT 时代对业务发展有益，而在 DT（Data Technology）时代，社会经济和新一代信息技术的发展要求更加高效敏捷的交易模式，原有模式的误差性在增大，弊端在不断呈现。而区块链以数据为核心构筑可信交易模式，缩短需求和信息的传递链，支撑数字经济发展新需求。③区块链以服务行业为重点，作为数字经济基础设施赋能千行百业。行业发展的根本是数据，原有的数据是以"数据湖"或"数据池"的方式，无法"浇灌"行业流程中的分支末节，区块链在构筑数据要素安全流转的"数据河"，通过可信流转服务行业，从而实现行业服务数字经济发展目标。

DT 时代的到来，消除信息孤岛已成为各界的共识，区块链依托其防篡改、可追溯和可编程等主要特性，通过联盟节点平权共治的方式逐渐形成多中介化的组网模式，并以区块链技术为核心，融合其他技术，如：IoT、5G、数据网络、云计算、大数据、AI 以及今后的量子加密等，形成一体化融合开放的区块链系统架构，围绕数据端到端可信流转，解决传统集中模式下数据不敢、不能和不愿共享的问题，加速数字经济产业发展的进程。

（2）区块链技术和产品应用

区块链的技术架构分为四层：基础设施层、基础 BaaS 层、区块链基础服务层、行业应用场景层。

①基础设施层：通过云环境，IoT设备或者专有设备在专有或者公有网络上提供必要的计算资源、存储资源、网络资源等基础设施支撑。为系统提供扩展存储、高速网络、安全芯片及按需弹性伸缩和故障自动恢复的节点等资源。

②基础BaaS层：在基础区块链底座和基础跨链底座的基础上封装了中间件服务，为上层应用提供必要的底层服务及扩展的能力，赋能各行各业，并应用安全密码学技术保证传输和访问安全，支持在海量节点组网的网络环境下，使用高性能共识算法，确保链上数据的一致性、安全性及区块链应用的稳定运行。通过中继链及可信硬件提供一整套可信安全的跨链体系架构，保证不同链数据交互的一致性、可追溯及可审计等。

③基础服务层：发挥区块链融合云计算的技术优势，为区块链开发提供便捷、高性能的区块链系统和基础设施服务，便于政府、企业和开发人员高效地使用区块链，快速构建和维护区块链应用；同时支持对不同的区块链平台进行统一资源管理、统一身份认证、统一运营监管、统一生态协同。平台提供可视化部署能力，实现一键式区块链网络的自动化创建，异构区块链的一键接入，解决上链难的问题，降低区块链使用门槛。

④应用场景层：是各类管理和服务主体根据业务协同需求构建的链上应用。区块链关键的核心技术分为三类：a.性能类：提供区块链业务处理的高并发性及组大网的能力。b.安全类：提供区块链业务端到端的安全保障能力，提升数据要素的可信性。自底向上构建了全方位的安全保障体系，从计算、存储、网络三个维度解决区块链节点可靠性问题。c.互通性技术：提供区块链及周边技术的互通协同能力，通过链上链下的技术协同，实现链下数据的可信获取，借助IoT加密等方式解决可信上链的问题。

（3）区块链技术智能建筑应用场景

①招标投标管理。在建筑工程大型招标投标活动过程中，结合现行的工程建筑建设规定，需要建设单位对所有项目负责人的资质、经验等方面进行全面了解。如果采用传统方式对政府项目或社会投资项目等发行招标投标活动进行验证，不仅需要浪费大量的人力、物力和财力，还无法充分保证验证结果的准确性和科学性。利用区块链技术，能够直接反映出建筑行业从业人员的真实信息，具有一定的透明性和可信赖性，一方面有利于节约人力、物力、财力的支出，从而降低交易成本；另一方面有利于保证从业人员信息的准确性，从而为建筑工程后续施工工作奠定良好基础。

②智能建造管理。智能建造是建立在工业深化和信息化改革基础上发展而来的一种全新的工业形态，同时也是一种先进的管理理念。能够体现我国建筑工程领域从机械化向自动化再向智慧化趋势发展的这一过程。在建筑工程智能建造过程中，利用区

块链技术将所有参建主体、项目管理智能等进行统一，从而构建智能建造信息集成平台，为建筑工程建设全过程产生的资金、信息等数据高效储存、及时传递以及信息共享提供便利，有利于全面提高建筑工程全过程管理水平。

③工程监督管理。区块链技术能够在建筑工程全面监督管理中充分发挥其特点和作用，有效规范建筑工程在施工过程中的规范性和标准性，从根本上控制建筑工程的违规操作。区块链技术应用到建筑工程施工管理中，能够将所有单独模块按照时间顺序加以串联和统一，有利于形成一个完整的建筑工程管理流程，在区块链技术全面管理模式下，施工单位需要在成本、人员、材料和机械等管理方面加以创新和完善，使其形成适合企业发展的全新管理方式，并应用到建筑工程实际施工中，从而促进建筑工程施工任务有序展开，为推动建筑企业向现代化趋势发展奠定良好基础。

2.2.3 绿色节能技术应用

1. 绿色节能和低碳技术发展概述

（1）建筑产业碳排放

在我国年100亿t左右的碳排放中，建筑物建成后的运行的直接碳排放（主要是用煤和用气）约占5亿t，建筑建造过程中所需建材生产过程中的碳排放、建筑运行过程需要电力和热力的生产过程等产生的CO_2排放，被记入了建筑运行阶段。图2-16给出按照上述折算方法计算得到的建筑全过程碳排放量约49.3亿t，约占我国碳排放的一半；建筑运行阶段相关的总碳排放约22亿t，约占我国碳排放总量的22%，因此，建筑产业降低碳排放是实现碳中和目标的重点。

2022年，我国各类建筑总面积约660亿m^2。其中城镇住宅约292亿m^2，城镇公共建筑约140亿m^2，农村住宅约227亿m^2，北方集中供暖面积约156亿m^2；据此计算各种建筑类型的在运行阶段的碳排放密度，公共建筑碳排放密度约45.7$kgCO_2/m^2$，北方城镇供暖碳排放密度约34.9$kgCO_2/m^2$，农村住宅碳排放密度约22.5$kgCO_2/m^2$，城镇住宅碳排放密度约

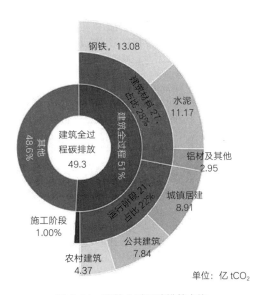

图2-16 建筑全过程碳排放占比

16.4kgCO$_2$/m^2。碳排放统计如图 2-17 所示,城镇住宅类建筑碳排放总计约 4.8 亿 t(不考虑北方供暖所需热力的相关碳排放)、城镇公共建筑碳排放总计约 6.4 亿 t(不考虑北方供暖所需热力的相关碳排放)、农村住宅类建筑相关碳排放约 5.1 亿 t;北方城镇供暖所需热力生产、输送相关碳排放约 5.5 亿 t。

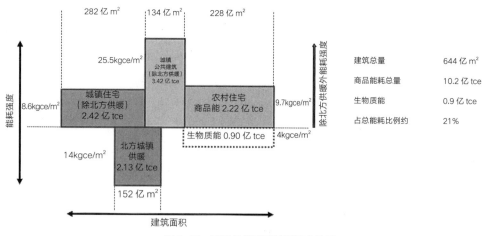

图 2-17 我国各类型建筑碳排放统计

因此,降低建筑运行阶段碳排放,应首先关注公共建筑和降低北方供暖领域的碳排放密度。智能建筑技术是达成这一目标的重要工具,这也是智能建筑产业的使命与机会。

(2)建筑领域的绿色低碳转型

在加快构建现代能源体系的进程中,作为工业、交通和建筑三大用能领域之一,如何加快推进节能和低碳建筑规模化发展,以适应新能源大规模发展,推动形成绿色发展方式和生活方式,是建筑产业需要思考的问题。我国实现碳中和,主要利用风电、光电等清洁能源替代化石能源,而广泛使用光电、风电面临电力供需不平衡的问题。主要分为三种情况:季节差、旬差和日内差,季节差指春天水电、光电的发电量充足甚至高于用电量,但冬天却会出现电力短缺的情况;旬差指受天气(连阴天、静风天)的影响,每日的供电量存在差异;日内差指光伏电力的日内逐时变化,在一天 24h 中,白天的发电量通常会高于晚上的发电量,导致晚高峰电力不足。

建筑作为能源的消费者,以往的建筑节能行业提出的节能策略是:对建筑本体,通过被动式设计来减少能耗需求;对机电系统,通过主动式优化来提高效率。在碳中和战略下,是否建筑只能站在能耗消费端,通过减少碳排放来支持碳中和?如果对建筑用能模式和需求进行深入研究,可以发现,建筑用能需求并不完全是刚性的,而是可以通过动态调节、蓄能等技术手段，使建筑用能的需求变得"柔性"起来，从而在一定程度上解决上述电力供需不平衡问题，为广泛应用风电、光电等清洁能源提供依据。进一步调研发现，城市和农村中大量的建筑屋顶为光伏安装提供了大量的可用表面，如果充分利用这些安装表面安装光伏，并与各类建筑用能需求特点和可调节特性结合，则可以更充分和灵活地利用光电能源，提高光电的使用率，同时也可能使建筑从单纯的能源消费者转变为能源产生者。

以下为两种能源解决方案，无论是"农村零碳新型能源系统"，还是"建筑光储直柔能源系统"，都离不开对建筑用能设备的灵活调节和智能化管控，这为智能建筑技术的应用开辟了全新的方向和市场需求。

①农村建筑。推进农村零碳新型能源系统。农村零碳新型能源系统是指农村实现基于屋顶光伏的全面电气化，彻底告别燃煤、燃油、燃气和秸秆。新型农村能源系统的主要功能是充分开发利用农村各类闲置屋顶资源，发展光伏发电，每户装机20kW以上。当配备一定容量的储能后，可以实现只发电上网，不从电网取电。通过建立适配的融资机制，梳理各类有关农村的补贴政策（农电、农灌、农机油，清洁取暖），建成农村微网和生物质加工能力，就可以实现新型能源系统公共部分的建设。同时，提供政府担保，采用低息贷款方式解决每个农户家庭屋顶光伏和户内用电系统的改造，实现农户无偿用电，解决生活、生产的全部用能，还能够靠剩余电力上网还本付息。

②城镇建筑。推进建筑光储直柔能源系统。在使用分布式光伏发电的同时，利用建筑自身的热惯性和机电系统可灵活调节的特点，挖掘楼内配电网通过有序充电桩连接的私家车电池，以及建筑自备的分布式蓄电，帮助电网消纳外部集中的风光电，发挥削峰填谷的作用。国务院《关于印发2030年前碳达峰行动方案的通知》中"城乡建设碳达峰行动"部分明确提出，提高建筑终端电气化水平，建设集光伏发电、储能、直流配电、柔性用电于一体的"光储直柔"建筑。所谓"光储直柔"："光"是指在建筑表面安装光伏发电；"储"是指在建筑内布置分布式蓄电以及通过智能充电桩，充分利用停车场的电动车内蓄电池资源；"直"是指建筑内实行直流配电；"柔"是指让建筑成为电网的柔性负载。通过建立城镇建筑与充电桩的"光、储、直、柔"系统，可以使建筑成为柔性用电的灵活负载。

（3）碳中和背景下的建筑节能

实现了全面零碳电力系统，是否又拥有了充足的能源，是否还需要"建筑节能"？答案是肯定的，因为建筑节能是实现零碳建筑的基础。我国发展零碳电力系统有诸多制约，例如风电、光电的发电与需求不匹配，核电、水电都有上限制约，风电、光电有空间资源限制。通过储能消除供给和需求的不平衡，也受到储能资源限制。当储能成本超过电源本身的建设成本后，难以满足经济性要求。碳中和的规划与预测的依据来自于相关资源匹配，我国能源需求现状与发展需求是通过科学测算得出，如果不采取节能运行，超过相关技术极限，将难以实现碳中和。

根据过去10多年对建筑用能情况的调查，我国建筑运行能耗一直显著低于发达国家，人均建筑运行能耗是美国的1/6，经济合作与发展组织（OECD）国家的40%，单位面积运行能耗是美国的40%，OECD国家的60%。美国户均年用电量1万kWh，而我国城镇户均年用电量只有2500kWh；美国办公建筑平均年用电量180kWh，中国商用办公建筑只有80kWh。我国建筑运行能耗低的主要原因是民众良好的行为习惯，普遍采用"部分时间、部分空间"对室内环境营造方式，而不是"全时间、全空间"的运行方式。提高人民生活水平，应依靠科技发展和精细化管理，应坚持绿色生活方式，避免需求侧随收入增加后出现大幅度增长。

（4）我国建筑绿色节能发展与智能建筑产业的结合

绿色节能建筑产业在我国有20多年的历史。在绿色建筑、建筑节能产业的发展过程中，信息化、数字化和自动化等智能建筑产业相关技术伴随建筑节能产业的不同发展阶段，推动和促进了产业对"建筑节能"认知和应用效果落地。

目前，我国已经有数万栋建筑安装了分项计量系统，收集了大量建筑用能的详细数据，如何处理这些海量数据，逐渐成为建筑业主和从业人员头疼的问题。如何能进一步分析出数据背后的节能潜力，进而在可靠保证建筑用能需求的前提下，提出节能改进方案，逐渐形成基于大数据、人工智能等信息科学技术，以及基于建筑节能专业的两种分析路径。节能行业提出了"反向控制"这一说法，并以能实现反向控制作为先进节能技术的评价依据，机电设备自动控制是智能建筑系统的基本功能之一，将节能技术与智能建筑技术真正融合，是智能建筑产行业拓展市场的良机。

2. 绿色节能和低碳技术及产品应用

（1）自动节能优化控制，实现节能低碳运行

对用能设备系统的智能化控制调节和运行管理是智能建筑系统的基本功能，在过去20年的发展过程中，大多数公共建筑都安装了建筑能源管理系统。但是，随着建筑节能和建筑运行领域降本增效需求，以及严格和精细化的节能政策要求，智能建筑系统实现对机电设备动态运行的自动节能优化和节能低碳控制策略，以及对实时变化的建筑运行管理需求的有效应对和调控，未来的"节能"更强调量化效果，实现低碳运行，这对智能建筑行业提出了更高要求和产业升级的机遇。

（2）"光储直柔"与"虚拟电厂"调控，助力低碳转型

碳中和战略下，我国的能源系统正在经历深刻的变革。未来的供电网络可能不再像传统电网那样，有相对统一的发电厂、统一的输电调节，建筑用户只能被动地扮演消费者角色，而很可能转换为灵活多变的分布式电网。在建筑内、园区内、片区内、城市间和不同层级的电网中都可能存在多个发电端、多个用电终端、多个储能设备；某个建筑本身可能既是用户又是发电者，同时还兼具储能功能。在这样复杂的电网系统中，输配调节很难像传统方式那样，由统一的管理中心调度，需要不同用电环节通过分布式计算直接相互协作。

建筑作为电网的关键终端，将在新型电网系统中充分发挥作用，智能建筑系统管理着所有用能设备系统，掌握了各个建筑的确切需求和调节边界，通过调节协调建筑内部各个用能系统，在保证建筑使用功能（即满足建筑用户安全、健康、舒适、个性化的环境需求）的前提下，将建筑用电负荷变得"柔性"起来，从而为实现灵活动态的需求侧响应提供支撑。碳中和的战略推动了一场"能源革命"，并由"能源革命"带来相关技术和产品的蓬勃发展，建筑是这场能源革命中的关键因素，智能建筑产业将抓住能源革命带来的契机，发挥技术优势，实现产业的升级。

3. 绿色节能和低碳技术智能建筑应用场景

（1）碳排放计量

碳排放计量是实现碳中和的重要依据，利用智能建筑领域的相关技术可以直接或间接参与建筑碳排放计量，为碳中和战略的落地和技术探索提供依据。智能建筑系统提供完整准确的建筑能耗能效数据，是计算建筑碳排放的基础。智能建筑系统根据实时电网入口或电网提供的清洁能源和化石能源的比例，以及建筑内分布式电源发电量、从建筑储能设备取电量，可以计算建筑各个区域或设备系统的实时碳排放量；与此同时，在智能建筑运行中通过分项计量数据和能耗诊断系统，将建筑用电统计转换成碳排放量，进而为零碳建筑的评价、完善碳减排策略提供基础数据。

（2）碳足迹跟踪

在建筑智慧运维和管理领域，部分运维服务企业已经应用区块链技术记录建筑用户轨迹和行为，通过记录并分析重点人群和个人的办公、生活、交通等各环节行为，分析相关能耗和碳排放，进而计算出群体或个人"碳足迹"。通过"碳足迹"分析有助于了解个人行为、生活模式对我国碳中和目标的影响，促进我们建立绿色低碳的工作和生活模式。

2.2.4 群智能技术应用

1. 群智能技术发展概述

近 20 年来，现场总线技术、工业互联网、各类无线通信技术与自组网技术、云计算、大数据与人工智能等都随着相关技术先后被引入智能建筑领域。软硬件等各个环节的 IT 技术水平显著提高，体现建筑"智能化功能"的自动运行、自动优化调节、自动故障诊断、降低建筑运行人工成本和能耗成本等功能，尚没有完全达到对智能建筑的预期要求。究其原因，是先进的信息技术与建筑相关专业的结合，以及针对具体项目需要进行二次软件开发等工作相对落后，这导致智能建筑功能的效果打了折扣。

群智能技术改变了智能建筑领域存在的建筑和信息专业脱节、预期智能功能没有完全落地的问题。群智能系统将建筑环境控制、能源调控、机电设备系统管理、建筑安全、物业管理等功能，融合在一套软硬件一体化的技术平台上，以无中心、扁平化、自组织和并行计算的技术架构实现智能建筑的各项功能。群智能建筑技术是清华大学院士领衔的跨学科研究团队，经过十余年的研究开发，同时建筑行业产业链上的地产企业、系统集成公司、建筑软件公司和机电设备制造等头部企业参加了课题，共同推动群智能系统的应用研发和推广，形成了我国自主知识产权的创新成果。2018 年，群智能建筑系统首次在 10 万 m^2 以上大型公共建筑中全面应用，并应用在北京冬奥会场馆中。在冰立方冰壶比赛大厅的智能化改造过程中，群智能系统承担了冰壶比赛冰面高精度智能化控制的任务；2021 年底，完成了鸟巢能源系统智能化升级改造，保证了北京冬奥会开闭幕式的成功运行。

2. 群智能技术和产品应用

群智能技术是一种仿照鸟群、鱼群等智能群落工作机制的新一代人工智能技术，将建筑物理场模型与分布式计算深度融合，以集成建筑空间和源设备为智能化的基本单元，仿照各种建筑物理场依空间扩散变化的规律，设计了分布式计算机制，从而形成去中心化、自组织和自动按照系统结构生成算法的技术架构。技术关键是解决了根据建筑物理场的变化规律，将建筑智能单元之间的协作机制设计成为"任何单元都可以触发计算、单元只与其邻居直接交互、计算过程由近及远逐步扩散"的分布式计算机制。

（1）群智能系统硬件

计算节点（CPN，Computing Processing Node）是群智能系统的核心硬件设备，是组成群智能计算网络的基本硬件单元。

如图 2-18 所示是两种不同形式的 CPN。计算节点预置了建筑信息模型和算法、有强大边缘计算能力的智能硬件。所有计算节点都内置基本单元的标准信息模型以及 LynkrOS 操作系统。CPN 硬件包含两类接口：①第一类接口为 CPN 之间的接口。采用以太网通信技术，以 10Mbit/s 的高速通信保证邻居 CPN 之间彼此协作所需的高频率迭代计算，它不仅是通信接口，也相当于 CPN 分布式计算网络的"计算总线"。②第二类接口为 CPN 网络对传感器和被控终端的接口。为了更方便地与当前智能建筑行业常用各类传感器、执行器、物联网设备等对接，CPN 提供各种标准化接口。根据 CPN 硬件对外提供的第二类接口种类和形式不同，工程中应用的计算节点分为两类。一类是空间版 CPN（CPN-A），如图 2-19（a）所示，提供 Wi-Fi 和 RS485 接口安装在建筑空间单元内，可用于连接室内各类环境传感器和控制空调末端、灯具和门禁等设备，实现对空间单元内部的环境监测和设备控制；另一类是设备版 CPN（CPN-B），如图 2-19（b）所示，提供 RS485 通信接口，或通过 RS485 接口连接对应各类源设备的专用控制模块，图 2-19（c）即为冷水机组专用控制模块，接入各类机电设备监控所需的相关传感器和执行器，以实现各种监测控制需求。

安装在各个建筑空间或对应每个"源设备"的群智能计算节点按照所在空间位置关系就近连接，构成与建筑空间网络或设备管道网络相似的网格状计算网络，构成群智能建筑系统的硬件骨架，任何节点都可以即插即用地接入或离开网络，或根据建筑空间结构改造的情况灵活修改局部网络拓扑，计算节点会自动匹配形成适配目标的系统规模和结构的分布式算法。

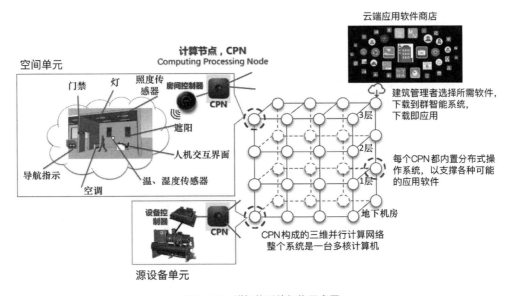

图 2-18　群智能系统架构示意图

（2）群智能系统软件

群智能系统软件分别为两部分：LynkrOS 操作系统，以及搭载在 LynkrOS 上运行的应用软件。为了让智能化系统能自适应目标系统、自动完成建模工作，群智能系统引入了面向空间的分布式计算算法。各项计算的分布式算子已经植入在每个 CPN 中，CPN 会自动配合完成相关计算，任何计算都可以由计算网络中的 CPN 共同计算完成。LynkrOS 系统专门针对群智能技术开发，面向分布式计算的分布式操作系统，并嵌入到每一个 CPN 硬件中，其主要功能是协调计算网络中的 CPN 共同完成分布式计算。群智能应用软件不必为不同结构和规模的项目定制化修改，作为标准软件用户通过简单操作即可自主灵活选择应用功能。

(a) CPN-A（有黑、白两款颜色可选）

 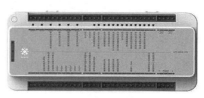

(b) CPN-B　　　　　(c) 专用扩展模块

图 2-19　群智能系统关键智能硬件及专用控制器模块

（3）监控界面与群智能系统关系

群智能系统向建筑监控界面软件提供软件接口，在权限允许的条件下，监控界面软件从任何一个 CPN 都可以接入 CPN 网络，并获取整个计算网络所有 CPN 节点的数据；系统也允许多个监控软件从不同 CPN 分别接入系统，同时在线工作。从建筑监控软件视角，CPN 计算网络是一个整体，类似于一台多核计算机，或者一个分布式数据库；在群智能系统标准接口的帮助下，监控软件可以灵活执行相关操作。

3. 群智能技术行业应用场景

群智能建筑技术已经在众多大型公共建筑项目中得到应用。项目类型涉及商场、写字楼、酒店、交通场站、体育场馆、园区综合能源站、医院、博物馆和住宅等各类建筑业态，实现能源站优化节能控制、空调末端控制、变风量系统控制、区域健康舒适环境智能控制、照明系统控制管理、电力监控与能源计量诊断，以及智慧物业管理与资产管理等，在上述应用中，普遍取得大幅缩短调试周期、显著节能与高效运行、显著减少运行人工成本等效果。

2021 年中国建筑设计研究院主编的《群智能建筑智能化系统设计导则》T/CABEE 014—2021 正式发布，为各个设计单位应用群智能技术架构，设计新型智能建筑系统提供依据。2022年《建筑基本单元信息模型》T/CECA-G 0172—2022标准正式发布，教育部建筑电气与智能化教育指导委员会组织编写了《群智能原理》和《群智能系统设计与开发》两本专著，并以此为基础在相关院校中开设《群智能建筑技术》相关课程。

（1）智能系统硬件即插即用，大幅缩短调试周期

实现各项智能化功能开业即开通，比采用传统智能化技术大幅缩短调试周期，大幅提升预期功能实现率。群智能系统硬件即插即用，软件自识别、自适应和自组织，因此无需或只需很少的人工调试，即可实现智能化系统的搭建，以及适配控制对象相关功能算法。在济南万象城等30万 m^2 的大型项目中，经过项目单位和施工单位测算，调试人力成本投入从常规系统的200人/d天减少到40人/d。在开业前1个月内，完成了95%以上功能项的调试工作，并逐步实现自动运行。

（2）自动优化控制，改善建筑中庭垂直温差

不同于传统方案中空调通风终端各自闭环控制的方案，群智能系统将中庭各层空调设备、通风机以及遮阳设备自组织联动控制，通过对相应中庭气流场的潜在变化的实时自动辨识，联动调节相关设备抵消自然对流造成的上热下冷趋势，大幅改善了商场中庭区域普遍存在的夏季顶层过热、冬季首层过冷的问题。改善了相应区域温度控制的品质，为增进客流提升购物体验提供了基础。

（3）动态资产管理

计算节点CPN中不仅保存着设备系统实时运行信息，还可以保存相应空间或源设备的资产台账信息，可以基于各个群智能节点的位置和系统结构信息，实现快速资产录入。用户通过无线连接相应空间或设备单元的计算节点后，对空间内设备（或机电设备所属部件）进行扫码，建立相关设备资产关系，系统后台会自动建立设备资产表单，并分布存储在相关计算节点上，生成建筑资产的分布式存储台账。由于群智能系统自动执行设备调控和管理，监测设备运行状态并执行故障诊断分析，系统可以自动记录设备维修、维保和更换的记录，计算节点记录设备运行时数，从而自动计算设备寿命，资产折旧，实现动态资产管理。

第 3 章

行业发展机遇与挑战

3.1 发展机遇

"十四五"期间国家将加快数字中国、数字经济和绿色低碳等国家重大战略部署，构建以国内大循环为主体、国内国际双循环相互促进的新发展格局，推动经济实现质的有效提升和量的合理增长，构建现代化基础设施体系，实施城市更新行动，加强城市基础设施建设，打造宜居、韧性、智慧城市，推动绿色发展，推进高水平对外开放，推动共建"一带一路"等，如图 3-1 所示。

图 3-1 数字中国建设整体框架

这些方针政策和战略部署对行业的发展提出了更高的新要求，行业将以融入"数字化转型"大环境、布局"物联网"大格局、运用"云计算"为抓手，在新基建、新城建、建筑产业化、"碳达峰""碳中和"等领域，以新目标、新技术、新应用和新模式为路径全面发力，这是行业发展的巨大机遇。

3.1.1 新基建和新城建

1. 新基建是数字中国的基础设施体系

新型基础设施建设是以新发展理念为引领，以技术创新为驱动，以信息网络为基础,面向高质量发展需要,提供数字转型、智能升级、融合创新等服务的基础设施体系。新基建主要涵盖信息基础设施、融合基础设施和创新基础设施三方面内容,包括5G基建、特高压、城际高速铁路和城际轨道交通、新能源汽车充电桩、大数据中心、人工智能和工业互联网等七大领域,如图3-2所示。智能建筑行业在5G基建、大数据中心、人工智能和工业互联网将大有可为。

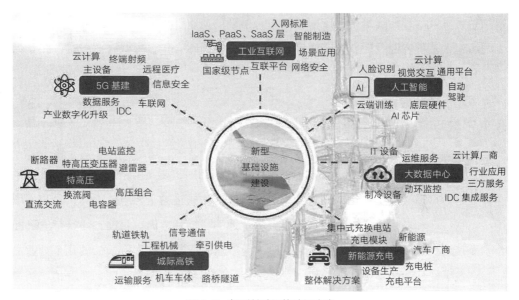

图 3-2　新型基础设施建设内容

2. 新城建是城市高质量转型发展的需要

2020年8月,住房和城乡建设部会同中央网信办等部门联合出台《关于加快推进新型城市基础设施建设的指导意见》,住房和城乡建设部印发的《关于开展新型城市基础设施建设试点工作的函》,首次提出新城建概念,就是以城市更新为引领,以应用创新为驱动,充分利用"新基建"发展成果,面向城市高质量转型发展需要,构建提升品质和人居环境质量、提升城市管理水平和社会治理能力的信息数字化城市基础设施体系、推进城市管理服务平台建设,提高城市科学化、精细化、智能化管理水平,推动城市管理"一网统管",支撑城市运管服,包括城市信息模型、城市基础设施、车联网、智能建造、智慧社区、城市安全平台和城市综合管理七个方面的建设内容。

2021年我国常住人口城镇化率为64.72%。根据中国社会科学院发布的《城市蓝皮书:中国城市发展报告No.12》,预计到2030年我国城镇化率将达到70%,2050年将达到80%左右。根据国家统计局公布的普查数据,2020年我国城市家庭人均居住面积为 36.52m²。按此测算，我国城市住房面积总量在 300 亿 m² 以上。其中房龄达到 20 年以上的都要逐步加以更新改造，城镇化仍具有较大的发展空间和潜力。

3. 响应国家双循环战略，积极参与共建"一带一路"

构建以国内大循环为主体、国内国际双循环相互促进的新发展格局，是党中央根据我国发展阶段、环境和条件变化，特别是基于我国自身比较优势变化，审时度势做出的重大决策。智能建筑企业应顺势而为，积极创造条件"走出去"，参与共建对外工程承包、工程咨询设计、投资建设运营一体化等国际合作，为共建"一带一路"做出应有的贡献。

3.1.2 数字住建

2023 年初召开的全国住房和城乡建设工作会议明确，要大力推进数字化建设，举全行业之力打造"数字住建"，它是数字中国数字化战略的重要组成部分，是数字中国战略在住房和城乡建设领域的系统承接和落地的目标和方向。目前，建筑行业已经告别高速增长期，进入高质量发展新阶段，但依然属于数字化程度最低的几个行业之一，"数字住建"在于推动新一代信息技术在住房和城乡建设领域的创新应用，加快城市管理、住房管理和工程建造等方面的数字化转型。随着"云物移大智"等技术的快速迭代带来生产力和生产关系的深刻变革，催生了建筑行业的理念重塑和模式转型，目前支撑行业数字化发展的核心技术，如 BIM、CIM 技术正在日臻成熟，部分企业先行先试的数字化实践以及产业互联网平台的成型，为"数字住建"的实现提供了技术基础。

智能建筑行业要牢牢抓住推进"数字住建"的三个需求和三条路径，在助力"数字住建"建设的同时，实现行业自身的转型。

（1）行业需求，助力转型升级。"数字住建"的提出为建筑行业高质量发展指明了方向。目前行业从业人员老龄化、生产发展模式亟需更新换代，行业发展需要向工业化、绿色化、智能化发展，打造"数字住建"是实现产业"多快好省"跨越式升级的关键。

（2）企业需求，提高核心竞争力。"数字住建"的提出为企业数字化转型提供了行动指南。企业数字化转型究竟应该围绕什么方向开展，国家、行业对于企业数字化转型有何要求、期待以及统一标准。

（3）百姓需求，增进民生福祉。"数字住建"的提出为百姓在城市服务和住宅方面的消费提供了保障。目前我国建筑品质仍然有待提高，难以满足人们日益增长的对品质住房的内在要求。打造"数字住建"，能够在一定程度上提升建筑品质，助力改善百姓生活质量。

（4）抓建筑市场。以数字化手段，加强工程项目建设全过程动态监管，以数据为中心，让监管有"数"可依，让决策有"据"可循。作为建筑领域高科技企业，正是要用新一代信息化技术，全面助力监管升级，用数字化手段助力庞大的建筑市场梳理转型脉络。

（5）抓施工现场。向科技进步要质量、要安全、要效益，重点培养建筑行业的"数字工匠"，壮大高技能人才队伍，应用数字技术，让从业者摆脱重复性劳动。

（6）抓新时期建筑方针。贯穿适用、经济、绿色、美观和新技术应用的新时期建筑方针到智能建筑设计、施工和运维全过程，充分发挥BIM在设计、计算和施工等全寿命期的应用，推动实现经济效益最优、方案综合最优、绿色环保最好的智能建筑。

3.1.3 新型建筑工业化

住房和城乡建设部等部门联合发布《关于加快新型建筑工业化发展的若干意见》。新型建筑工业化是通过新一代信息技术驱动，以工程全寿命期系统化集成设计、精益化生产施工为主要手段，整合工程全产业链、价值链和创新链，实现工程建设高效益、高质量、低消耗、低排放的建筑工业化。推动城乡建设绿色发展和高质量发展，以新型建筑工业化带动建筑业全面转型升级，打造具有国际竞争力的"中国建造"品牌。

建筑产业升级和产业数字化建设是建筑业未来发展的必然趋势，智能建造以构建先进适用的智能建造标准体系，推广数字设计、智能生产和智能施工，形成涵盖全产业链融合一体的智能建造产业体系，开展绿色建造示范工程创建行动，推广绿色化、工业化、信息化、集约化和产业化的建造方式，通过技术创新和集成，利用新技术实现精细化设计和施工等，为行业带来供给高质量产品和服务、提升产业链水平和竞争力的发展机遇。

3.1.4 绿色和"双碳"战略

2020年9月，我国明确2030年前实现碳达峰、2060年前实现碳中和，据研究测算，建筑全寿命期的碳排放占比超过40%。为落实国家自主贡献和全球温升控制的双重目标，建筑业面临迅速推进能源低碳化转型和工业绿色发展的双重压力，实现"双碳"

目标，对行业的转型升级将产生"革命性"的影响。目前我国建筑业的工业化程度较低，而且既有建筑存量大、碳排放高，对标绿色和"双碳"发展目标，在建筑的"双碳"管理、节能改造、绿色健康服务、超低能耗建筑和近零能耗建筑、装配化建造方式和新型建材等方面，是智能建筑行业高质量发展的新动能和巨大的市场机会。

例如，建筑碳管理与节能改造，我国既有建筑大多为非节能建筑，占了城镇建筑面积的80%，建立标准化的能源管理体系，打造智能化的碳管理和能源管理云平台，实现建筑节能改造和对能源自动优化的综合管控，提升建筑综合能效、智能运管以及能耗预测等能力，创造新的增量价值。又如，推广绿色建筑与智慧运维。在减碳背景下，更加强调发展绿色智能建筑及其运维阶段的可持续发展，未来新建建筑将全面实施绿色设计，提升建筑能效水平，提高住宅健康性能和装配化建造方式水平，并通过BIM等信息化技术在运维阶段的创新及应用，实现既有建筑的绿色运维。

3.1.5 四新经济

在新一代信息技术革命、新工业革命以及制造业与服务业融合发展的背景下，以新技术、新产业、新业态和新模式组成的"四新"经济，是一种新型的经济发展模式，相比传统经济形态，具有自身独特且显著的特点。一是渗透融合性，"四新"经济的创新点来源于国际最新技术和产业动态，来源于市场投资的最新热点领域，新技术、新产业、新业态和新模式不是独立发挥作用，而是在内容和形态方面相互渗透和融合，共同促进经济发展；二是轻资产性，"四新"经济的核心是创新和新技术的应用与转化，更多依靠的是研发人员的人力资本；三是需求导向性，"四新"经济的发展以用户需求为导向，能够把握应用升级的趋势和方向，其内容和形态都会随着最新技术和模式的突破应用发生变化。

智能建筑企业在建筑行业数字化转型发展中，并非仅作为工程总承包的专业分包，其技术体系具有高科技含量、跨专业协调统筹、施工精细、整合集成度高、调试开通难和运营再优化等全寿命期的特点，具有不可替代的专业特点和科技优势。行业的"四新"经济模式，以现代信息技术和应用为基础，以市场需求为根本导向，以技术创新、应用创新和模式创新为内核并相互融合，形成"智能+"的新经济形态，逐渐与各大产业进行深度融合，倒逼传统行业推动技术进步、效率提升和商业模式变革，大幅提升行业发展质量。

（1）运营驱动模式。市场呼唤智能建筑行业提供建筑运营、园区运营和城市运营的应用场景，要求行业在运营领域加速技术发展，不断提供满足运营需求的新产品和解决方案。例如，智慧建筑运营管理平台以建筑感知、数字孪生、系统融合和绿色低碳为底座，围绕"品质管理体系"，构建完整的建筑系统平台支撑，实现可持续发展的建筑空间运营场景数字化和智慧化管理，助力资产运营方实现节能减碳、精细服务和降本增效；（2）投资参与模式。新基建和新城建项目，鼓励智能建筑行业以新模式参与建设，推动社会和行业发展。新基建和新城建在市政基础设施和智慧社区改造等领域，行业已经积极探索以社会资金参与建设的模式。通过行业龙头企业带动中小企业特别是科技创新型企业以多种方式参与新城建；（3）生态体系模式。新一代信息技术与建筑业深度融合形成的关键基础设施，是促进建筑业数字化、智能化升级的关键支撑，是打通建筑业上下游产业链、推动智能建造与建筑工业化协同发展的重中之重。智能建筑行业打造的智能建筑、智慧园区、智慧城市等产品作为建筑产业互联网的重要组成部分，将形成行业生态体系，线上、线下产品协同发展机制等新经济形态。

3.2 发展挑战

3.2.1 行业专业化之路如何走

在数字化和智能化加速迭代升级的背景下，智能建筑行业存在同质化和泛概念化的发展问题，将影响行业的健康发展，专业化之路主要体现在三个方面，已经成为行业的关键课题：（1）企业适应市场和技术发展的持续创新能力，包括创新机制、创新规划和研发投入等要素。（2）智能建筑行业的跨界融合交叉复合型人才的挖掘和培养，例如，数字化基础研发、数字化治理型和运维管理等领域的人才。（3）智能建筑系统产品的基础研发和信创研发。①通过底层技术的研发推动行业产品的创新发展，例如专业操作系统、专业工具软件和专业平台等；②随着物联网设备在建筑物内的部署，系统设备和运营数据等信息安全问题。

3.2.2 工程承包模式变革挑战

工程总承包是国际通行的建设项目组织实施方式，在最大限度地发挥工程项目管理各方的优势、实现工程项目管理的各项目标的同时，给智能建筑行业带来了以下新的挑战。

（1）发包节点前移、工程设计纳入承包范围、承包方进入项目的时间前移，存在可研报告智能化系统漏项、初步设计单位提供的招标图纸设计深度普遍不够，有些产品架构和报价体系不适合工程总承包的模式，工程概算与工程结算差距较大，智能化专业承包商的责任与风险增大；

（2）项目的招标由总承包发包，专业承包企业在市场开拓时需要同时与建设方、总承包方并行沟通，投标前的市场工作难度和工作量加大；

（3）由于智能化专业与建设方的实际应用功能高度关联，而甲方对智能化的确切需求基本在项目建设后期才最终确认，造成合同工作变更和履约周期增加；

（4）部分总承包企业已经自设智能化专业公司或者具有长期战略合作伙伴，智能化专业承包企业面临更严峻的市场竞争形势；

（5）部分智能化专业承包公司开始往总承包业务方向发展，但尚不具备总承包必备的设计、采购和项目管理，以及项目融资等能力。

3.2.3 运维管理模式有待突破

根据中国建筑节能协会的统计数据，我国建筑运行阶段能耗占全国能源消费总量的21.3%，碳排放占全国碳排放总量的21.7%。建筑能耗和碳排放占比如此高，如何通过专业化的运维管理和服务，降低建筑运行阶段的能耗和碳排放，实现"双碳"目标，提升环境质量和建筑资产增值等是行业面临的迫切课题。

（1）现有运维服务尚未在运营模式、运维机制和服务目标等方面形成创新突破，难以推动和提高行业在运维管理方面的水平；（2）运维的效率和水平还维持在低水平阶段，针对建筑智能化系统运维方面存在大量待解决问题，企业缺少将传统运维转变为标准化的自动运维模式的平台和工具，难以形成运维部署和管理的自动化；（3）缺少节能、减排和减碳方面的运维专家型人才，缺少能够针对项目进行定制分析，制定出可落地实施的解决方案的能力；（4）大力推进楼宇管理员持证上岗管理，以便对运维公司的能力进行分级。

3.2.4 跨领域协同机制待完善

随着数字经济的发展、行业大融合时代的来临，市场的应用需求发生巨大的变化，企业在理解和满足用户应用场景需求的同时，只有具备跨领域的协同工作能力，才能改变行业目前既有的商业模式。行业企业在与设计院、工程总承包、产品供应商以及企业自主开发软硬件产品等方面还没有完全形成协同有效的合作伙伴生态圈模式，企业对现有组织架构和管理模式体系化变革尚在探索中，行业需要加强信息资源共享的标准化建设，制定统一的标准和技术规范，促进不同领域之间的互通和融合，只有用好数字经济带来的放大、叠加和倍增作用，才能建立起在新发展目标中的核心竞争力。

第 4 章

行业展望与发展建议

4.1 行业展望

世界正在进入以信息产业为主导的经济发展时期,把握数字化、网络化、智能化融合发展的契机,推进新一代信息技术与实体经济的深度融合,在数字化转型、智慧城市、智能建造与建筑工业化协同发展等国家战略引领下,智能建筑行业未来的发展要从以下三方面入手,找准突破口,取得实效。首先,抓住建筑业转型升级,实现高质量发展的总目标,贯彻落实智能建造与建筑工业化协同发展,融入涵盖科研、设计、生产、施工和运维等全产业链融合的智能建造产业体系,走出一条内涵集约式高质量发展新路;其次,从产品形态、商业模式、生产方式和管理模式等方面重塑智能建筑行业,通过集成新一代信息技术,催生新业态、新市场、新应用和新服务;最后,加强培育和壮大产业体系,实施智能建筑中国造的战略。本报告从行业的技术变革、产业链形成、绿色低碳发展、助推智能制造、全寿命期服务和新市场拓展等方面,展望了智能建筑行业发展的六大趋势。

4.1.1 新一代信息技术推动技术变革

在新一代信息技术推动下,智能建筑的系统架构、数据资源应用以及行业生态将发生根本变化,以云服务+物联网边缘计算+智能终端+通信网络的方式形成新型技术架构,如图4-1所示。通过物联网实时采集动态数据、大数据分析和应用场景定制等形成新的感知入口,并形成软件定义设备、算法商城和数据变现等技术生态链、新型商业模式及其优化组合和协同效应,这将

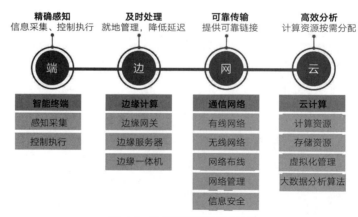

图 4-1 智能建筑新型技术架构

颠覆智能化行业传统的技术路径和商业模式。

智能建筑发展的方向之一：新型技术架构及其软硬件平台的研发、产品和应用整合、再造行业创新链。

智能建筑新型技术架构及其智能平台将成为行业的关键技术之一，将彻底解决以下困扰行业多年的难题：

（1）智能建筑子系统互相独立、数据共享、管理复杂和运行成本高等难题；

（2）建筑内设备协议多样性并实现设备的快速标准化接入；

（3）以物联网结合5G通信技术实现设备的高速率、低延时和广连接；

（4）对设备运行状态数据进行自动采集、动态监测、智能报警、主动预测和远程控制；

（5）打通多源异构数据，形成综合数据湖，实现对数据的挖掘分析，使数据资产增值；

（6）以各类场景形成智慧应用，通过各类能力接口快速定制开发，为业务应用赋能，如AI+大数据的应用、智慧运维、建筑环境自动调节、应急综合指挥调度和快速响应处置等。

智能建筑发展的方向之二：通过新一代信息技术将建筑与人、物、环境进行连接、实现交互智能化，以及场景多元化和体验个性化。以物联网、云计算、大数据、人工智能和移动互联等新一代信息技术为支撑，对建筑全寿命期内的信息资源进行全面采集、分析、处理和融合应用，实现智能分析、智能决策、服务定制、故障自诊断、资源自优化、自学习、自适应和强交互等功能，为用户提供舒适、安全、智能、绿色、低碳、高效和便利的工作和生活环境。

智能建筑发展的方向之三：将建筑全寿命期信息进行数字化集成融合，运用新一代信息技术和数字孪生技术，实现数字设计、数字建造和数字运营管理等全寿命期数字化，并通过智能建造过程，实现智能建筑在社会变革和技术创新驱动下的迭代发展。

4.1.2 构建中国智能建筑产业体系

近十年来以中国制造为契机，智能建筑行业产品的生产制造企业形成了起点高、实力强、技术新和视野广等特点，已经成为推动智能建筑行业发展的新势力，经过多年研发创新，在行业的各个重要领域，实现了技术和产品的突破，智能建筑产品的中国制造、绿色建造、安全可控以及产业链体系正在形成，"智能建筑中国造"已经成为行业标志性的"品牌"，并将在以下领域通过持续创新，持续研发新一代系列产品。

（1）在智能建筑平台技术领域：应用我国自主知识产权的"群智能建筑技术"创新成果，将建筑环境控制、能源调控、机电设备系统管理、建筑安全和物业管理等功能，融合在一套软硬件一体化技术平台上，以无中心、扁平化、自组织、并行计算的技术架构实现建筑的智能化功能。

（2）在建筑设备监控技术领域：自主研发的物联网控制器、楼宇自控平台、"双碳"计算管理平台、零代码编程、支持 AI 算法模型的在线部署、楼宇自控与能源管理、能源站能效优化算法的功能集成，以及融合机电控制柜和智能控制器的机电一体化设计等。

（3）在信息安全技术领域：以 IT 和 OT 技术融合、区块链技术应用、采用国密 SM2 和 SM4 加密算法解决网络通信安全，推出自主创新的产品和平台。

（4）在视频监控分析技术领域：聚焦智能物联和深度智能，将人工智能分析技术从后台植入到前端，通过知识图谱等工具挖掘认知规律，以全栈光谱物联能力将监控领域应用扩展到污染监测、人员照护和高空抛物等应用。

4.1.3 绿色发展和低碳节能持续发力

绿色发展、低碳节能和健康舒适将成为智能建筑可持续发展的基本要素，智能建筑设计和建设理念与国家绿色、低碳、节能和环保等可持续发展战略相契合，以智能建筑为平台提供绿色低碳和健康舒适的智慧方案是行业发展的时代命题。行业要把握绿色发展和低碳节能发展趋势，在全过程咨询服务、规划设计、系统产品研发、系统工程实施和新型商业模式等方面，形成支撑绿色建筑、"双碳"目标和营造健康舒适环境的新业态，将在以下细分领域进行突破：

（1）应用新技术研发碳监测和碳溯源系统，对建筑碳排放进行复合预测和定量化分析，建立碳模型，跟踪碳足迹，并通过碳汇、固碳、碳交易和碳金融等手段实现碳中和的闭环管理。绿色健康服务从节能与能源利用、空气环境质量、舒适度等角度切入，在满足建筑功能的基础上，为建筑使用者提供更加健康的环境、设施和服务，促进建筑使用者身心健康、提升建筑的舒适感。

（2）通过专家系统和人工智能技术进行自动化控制和运维综合管理，有效地实现绿色、生态和健康的关键指标，从而打造低能耗、高能效和绿色健康的建筑空间。

（3）通过新材料、新技术、太阳能和地热等清洁能源，最大限度地降低建筑能耗，进而实现零能耗的目标。

（4）结合区域能源资源及能源需求情况，将分布式可再生能源发电制热、小型地热、小型冷热电三联供有机结合，形成微网并统一控制，实现网内电、气、热和冷等多种能源形式间的按需转换和协调互济。

（5）对各类用能设备实施智能化节能改造，实现能效数据的采集、数据分析及处理、用能诊断分析等一体化节能和低碳的要求。

4.1.4 智能建造驱动行业工业化进程

智能建造是结合建筑全寿命期和精益建造理念，在工业化建造和数字化建造的基础上，利用先进的信息技术和建造技术，对建造的全过程进行技术和管理的创新，实现建设过程数字化、自动化向集成化、智慧化的变革，进而实现优质、高效、低碳、安全的工程建造模式和管理模式。智能建造的本质不仅仅是生产工具的升级，而是代表了一种新型生产力。建筑业要实现高质量发展，则需在数字技术引领下，以新型建筑工业化为核心，以智能建造手段为有效支撑，通过绿色化、工业化和信息化的三化融合，将建筑业提升至现代工业级的精益化水平。

智能建筑行业将通过三步走，成为智能制造产业链上的一环，推动形成行业新业态。第一步，在BIM模型、装配式建筑和智慧工地领域，通过智能建筑全BIM模型、装配式智能建筑的智能单元系统产品研发和实施，以及智慧工地软硬件一体化解决方案等推动新业务开展。例如，智能建筑行业在推进发展智能建造技术等方面已经开展研究和实践，2018年由中国建筑业协会绿色建造与智能建筑分会组织会员单位和专家，在研究装配式建筑智能化系统的成果和工程实践经验基础上，在国内率先编写出版了《装配式智能建筑建设导则》，是国内装配式建筑智能化产品研发和智能化工程研究的先行者之一。第二步，在BIM和CIM的基础上，建立智能建筑和智慧城市虚实映射的数字孪生体，形成设计、建造和运维的数字模型和物理世界的互动应用。第三步，结合人工智能技术和机器人技术，形成人、机、物的交互与深度融合，真正实现建筑的智能制造。三步走的过程也是行业探索在技术、研发、产品和人才等方面的不断迭代，使行业转型升级，融入新型建筑工业化的进程。

4.1.5 全寿命期服务融入智慧城市

以建筑全寿命期精细化管理和优质新型服务为目标，通过智慧运维贯穿建筑全寿命期服务，这是智能建筑行业从工程走向服务的关键切入点。

（1）建设智慧运维管理平台。实现跨系统数据的互通融合、智能分析决策、事件处置管理、能效及碳排放管理、知识库管理、基于 BIM 三维可视化运营、故障检测诊断、数据分析预测和远程协同管理，提高运维的质量、效率、服务和安全，实现资产和数据增值。

根据行业在运维服务方面的经验积累，结合运维服务需求和技术发展趋势分析，建设智慧运维管理平台的 4 大方向：①运维服务以全寿命期的精细化管理、优质新型服务和降低运维成本为目标进行部署，运维体系向自动化、智能化、绿色化、低碳化，以及业务各环节闭环控制发展演进；②智慧运维管理平台向平台化集成、接口标准化、数据模型化、分析工具化、功能菜单化和性能指标化等技术方向迭代；③大数据挖掘、人工智能和运维/服务机器人技术等正在逐步引入运维服务领域，根据不同的业务模块和场景，采用不同级别的智慧运维保障手段，实现最优的资源配置和效果评估等；④以智慧运维管理平台倒逼传统运维体制的变革，形成线上、线下的统一机制。

（2）以智慧应用为抓手。通过服务和技术创新，从智能建筑走向智慧城市，通过人、建筑和信息之间的融合，进行城市各领域的管理和服务模式的创新。将智慧应用融入城市管理、服务、办公和生活等场景中，提供定制化服务，提高用户智慧体验，实现人与环境互动的智慧应用。行业已经在城市数字底座的建设、城市的精细化管理、城市产业的集聚区域和城市的民生服务等领域进行了业务拓展，例如，城市物联网、智能建筑、城市一网统管、城市一网通办、智慧产业园区、智慧社区和城市更新等领域，如图 4-2 所示。从规划设计、系统产品研发和实施落地开展了卓有成效的工作，下一步行业将以城市领域全寿命期服务为目标，布局智慧城市的市场、产品和服务，使行

武汉：智能生活
通过城市信息的高效传递和智能响应，增加政民互动，改善民生。

南京：物联网平台
物联网技术在一系列市政项目中应用，推进政务数据中心、市民卡等便民设施应用。

北京：大数据 + 智能经济
覆盖广泛的宽带设施、智能融合的信息化应用推动首都信息化发展与物联网建设，促进经济增长。

重庆：信息化 + 智能基础设施
促进信息基础设施、城市传感基础设施、公共信息平台完善，网络覆盖能力加强。

天津：智能生活
电子政务、信息便民、硬件建设等助推天津智慧城市建设。

上海：信息化 + 智能基础设施
强化信息基础设施、网络安全，推进公共交通实时信息采集等。

成都：智能交通
与滴滴出行、微软等企业合作，借用云计算、物联网技术等完善智能交通网络、发展旅游业。

杭州：物联网 + 大数据
计划推进云计算和大数据产业中心、物联网、互联网金融、智慧物流、数字内容产业等"六大中心"建设。

深圳：物联网平台
深圳智能物联网平台能够将交通、物流、社区生活等各领域有机结合起来。

广州：智能交通
智慧交通感知平台覆盖核心区、主次干道、城市出入口等，实时监控对客运枢纽的客流数量和流向。

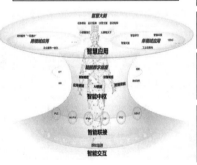

图 4-2　智慧城市重点建设领域概览
（数据来源：德勤研究）

业融入数字中国和城市数字化转型的国家战略中。

（3）助力"15分钟生活圈"建设。"15分钟生活圈"是城市新的规划方向，是满足"衣食住行，文体教卫"等生活日常所需和步行可达的社区生活基本单元。通过智慧街区建设提供居民日常所需的公共服务，例如，养老、医疗、教育、商业、交通、文体、食堂、托儿所等，为生活提供便利，打造停车位、充电桩、快递管理等一系列公共物业设施及其智能化设施。利用"15分钟生活圈"对应打造，由业务、规模匹配的多家企业共同参与的城市共享办公联合体，每家企业提供位于城市不同地点的多个智慧共享办公空间，供共享办公共同体成员企业员工就近使用。

4.1.6 赋能数字乡村与生态乡村建设

从2018年开始，国家提出了"数字乡村"概念，其核心就是将数字化、信息化的各种发展模式普及到乡村。新一代信息技术促进了经济发展，提升了城市的治理水平，同时也将数字乡村建设提上日程。国家不仅要建设智慧城市，数字乡村建设也不可或缺，数字乡村的建设有巨大的经济价值和社会价值，数字乡村不仅会促进城乡经济一体化，提升政府治理水平，提升人们生活水平，还会为美丽乡村建设贡献价值。根据发展战略目标要求，到2035年，数字乡村建设取得长足进展。到21世纪中叶，全面建成数字乡村，助力乡村全面振兴，全面实现农业强、农村美和农民富。

行业在数字乡村建设中将大有可为，通过在智慧城市建设中积累的信息基础设施、技术应用、产品研发、解决方案、项目实施及运维服务等方面的经验，从以下五方面拓展数字乡村新业态。

（1）信息基础设施建设：高速、泛在、安全的基础信息网络设施建设；（2）数字经济深度渗透：数字技术渗透于农业生产经营管理各个环节，智慧农田、智慧牧场、智慧渔场等新型农业生产载体。农村电商成为工业品下乡和农产品出村进城的重要渠道；（3）数字化高效治理：面向农村的电子政务实现网上办、马上办、少跑快办。打通乡村治理"最后一公里"借助互联网不断创新村民自治形式，提升农民自治能力；（4）绿色生态可持续：对农业投入品实施信息化监管，普及化肥、农药减量应用，运用信息技术和物联网技术对农村环境进行全方位检测；（5）普惠民生服务城乡一体化：城市优质教育资源与乡村中小学对接落地。"互联网+医疗健康"在农村广泛应用，民生保障信息服务丰富完善，社会保障和社会救助系统全面覆盖乡村。

4.2 发展建议

在国家"十四五"发展规划、住房和城乡建设部"十四五"建筑业发展规划,以及第四次工业革命浪潮的推动下,智能建筑行业将以城乡建设绿色和高质量发展为指针,以新型建筑工业化和创新驱动行业全面转型升级为路径,通过新技术、新产品、新模式和新业态,打造具有国际竞争力的"智能建筑中国造"品牌,推动行业高质量和可持续发展,为此,从专业工程总承包、专业工程质量监测、专业智慧运维体系、行业信创体系、提高创新能力及培育专精特新企业等六个方面提出行业发展建议。

4.2.1 推进专业工程承包模式

从 2014 年开展试点到 2020 年 3 月建筑和市政工程正式施行工程总承包,国家推行的工程总承包模式历经了 6 年多时间。智能建筑行业企业一直关注总承包模式对智能化行业发展的影响,为推动总承包模式的健康和良性发展提供决策依据,行业协会征求业内有代表性的企业和专家的意见,汇集了近几年普遍关注度最高的几个问题,从两个维度分别向总承包企业和智能化专业承包企业发出了调查问卷。调查共发出调查问卷 500 份,收回 388 份,回执率 78%;其中工程总承包企业调查问卷 74 份,智能化专业承包企业 119 份,行业专家 195 份。同时,尽量做到问卷调查所选择的企业有行业代表性、专家有一定权威性,以听取不同角度的反馈。

针对工程总承包模式下总承包和智能化专业分包两个角度企业和专家的调研反馈,结合近些年产业政策、资质改革、技术发展核心和焦点问题,本报告提出以下四点建议:

1. 智能化工程采用专业工程承包模式

我国"十四五"规划中明确提出了"加快数字化发展"的具体目标,智能化专业是实现城市数字化的关键所在,它融合了新一代信息技术等一系列先进科学技术,具有科技含量大、跨专业协调统筹、施工精细、整合集成度高、调试开通难、运营再优化等全寿命期的特点,并非仅作为工程总承包项目的简单的施工分包,建议在工程总承包中明确智能化工程采用专业工程承包模式,并选择具有专项设计和施工资质的智能化企业承担专业工程承包。

2. 配套专业承包工程的相关合同文件

配套文件包括：《专业承包工程资格预算和招标文件示范文本》《专业承包工程合同示范文本》，以指导规范工程总承包中专业承包工程的操作，形成发包、承包双方责、权、利对等的闭合条约，明确专业分包的质量目标和验收办法、工程款的支付节点等管理办法。

3. 加强智能化专业工程招标投标和投资控制

目前工程总承包模式下，智能化专业的招标投标模式发生了变化，招标时间点前置，与目前设计成果的匹配度不高，造价控制难度加大。提高智能化专业的设计和造价质量成为关键环节。现行的国家招标投标管理体系要求采用工程量清单计价，且必须编制招标控制价，目前在工程总承包模式下，其估算或概算的计算规则与工程量清单计价精度存在较大偏差，难以直接作为招标的投资控制目标。对于政府投资项目而言，工程发包必须按照批复的招标方式进行。经批复设计和施工均采用招标的项目，可根据拟定的总承包模式进行招标；对批复施工招标、设计不招标的项目，可直接委托设计单位为总承包单位，并由总承包单位组织施工招标。

投资规模的控制方面，对有成熟行业应用经验的项目，可采用编制模拟清单的方式通过招标竞争确定方案和单价；对建设工艺对成本起决定性的项目，以招标竞争确定方案和总价；对建设标的明确和简单的项目，可采用招标直接确定承包单位和总价。加强对政府（国有）投资的智能化工程的质量监督检查，提升政府（国有）投资效益。特别是在"省优质工程""鲁班奖"的评审过程中，对智能化工程各系统的参数是否达标进行检测，并明确智能化系统的检测费用列入工程成本。

4. 行业转型发展应对工程总承包模式变革

总承包模式的推广促使政策、市场和技术环境发生变化，行业和企业需要探索提升发展的新路径。总承包企业需要提升自身对智能化、信息化体系的理解和项目管理掌控能力，从为建设方交钥匙的角度组织好项目的设计、预算、招标、工程管理、运行维护各个环节，与智能化专业承包企业共建健康的商业生态，以适应项目总承包管理的技术和管理新挑战。智能化专业工程承包企业应主动适应项目管理实施方式和技术变革的新变化，抓住机遇，从技术、产品、服务和商业模式等多方面进行转型升级，围绕建筑大数据价值开发、绿色低碳、智慧建筑等发掘新的价值增长点，培育企业的核心竞争力，推动产业转型升级。

4.2.2 推动专业工程质量检测

智能建筑已成为建筑工程中涉及的技术领域多、技术含量高的分部工程，验收常用的观感检查、尺量目测，以及简单的表具测量等，已经不能满足工程质量判定的需要。《智能建筑工程质量验收规范》GB 50339—2013 对智能建筑工程（系统）实施检测做出了先检测后验收的规定，同时规定了具体的质量指标、抽样数量和检查方法，具有明确的可操作性。实施检测时，应依据相应的国家标准规范执行，依照标准规范的基本原则、质量指标、抽样数量和检测方法。《安全防范工程技术标准》GB 50348—2018 及相关地方标准，也要求进行检测并以各层次的检测数据为验收依据。

智能建筑工程质量检测分为三个层次：设备层、系统层和系统集成层，它是建筑工程领域涉及软件、硬件及其集成后系统性能和功能系统工程检测。智能建筑的功能价值在系统集成层级才能够完全体现，目前主要存在以下问题：（1）系统集成后无法实现智能建筑整体运行综合功效以及系统间无法按逻辑进行联动；（2）工程实施情况与施工设计文件的不吻合；（3）产品选型和安装位置不合理，影响数据采集的正确性；（4）设计不合理，无法实现功能需求；（5）施工质量不达标等。其他如系统寿命期短、投资回报率低的问题一直没有很好解决，影响了行业健康发展。

智能建筑工程质量检测能够有效地发现质量问题，为工程质量验收提供可靠依据，已经被工程建设各方接受，并将成为法定环节列入工程建设管理体系。为此，本报告建议，按照国际惯例开展第三方智能建筑工程质量检测，又称为公正检测，是工程质量检测结论公正的一种保障机制。智能建筑工程质量检测肩负着工程质量认证的重担，要为工程质量验收提供依据，也要承担相应责任，第三方检测机构必须具有相应资质，具备全套完整的工作流程和有效的工作质量管理运行体系，检测机构应在中国计量认证（CMA）关于智能建筑工程质量检测技术能力认证范围内开展检测业务，并应对出具数据的真实性和准确性负责。

4.2.3 健全专业智慧运维体系

专业化运维的新服务模式，将驱动行业从工程走向建筑全寿命期服务领域，在实施专业化智慧运维机制的路径中，关键要从以下三方面发力：

（1）建立以建筑全寿命期精细化管理和优质新型服务为目标，智慧运维管理体系是未来建筑可持续发展的必由之路。智慧运维以专业化系统平台为核心，包括运维平台、数据共享、流程自动化管理、运维场所、运维组织机构和运维信息安全等关键要素的专业智慧运维体系。通过跨系统数据的互通融合、智能分析、报警事件的及时响应处置，提高运维质量、效率、能效及安全，实现资产和数据增值。

（2）智慧运维系统平台通过支持云边协同的部署架构，实现对设备运维管理、事件处置管理、能效监管管理、知识库管理、基于BIM三维可视化运营、工单、报表管理、环境管理、故障检测诊断、数据分析预测和远程协同管理。

（3）实现专业化、系统化和高效化的智慧运维体系需要完善运行数据的采集、分析和处理能力，循序渐进地进行智慧运维的场景化建设，例如绿色节能场景、安全运行场景、降本增效场景等。同时将积累的数据资源转化为数字资产，建立良好的合作生态，吸引第三方团队进行场景开发，保持项目持续迭代升级。

4.2.4 建立行业信息创新体系

随着新一代信息技术在智能建筑行业广泛的应用，智能建筑管理和控制系统平台已发展成为建筑物联网、泛感知数据采集和建筑运行大数据分析的关键平台，实现机电设备远程监控管理、应急处置和运行大数据的挖掘分析等功能融合。随着控制系统向标准化、智能化和网络化发展，采用通用服务器、操作系统和数据库，基于IP协议的设备和互联网实现数据交换，很容易遭受到来自内部和外部的攻击，通过系统平台对设施的攻击会造成设施非正常运转、数据外泄、功能丧失等安全灾难，而相关系统一旦遭到破坏或功能丧失，将严重影响国家基础设施的安全，危及国防安全、经济安全和社会稳定。

国家基础设施是指交通、能源、通信和市政办公等对国家安全至关重要的实体或信息资源等虚拟资产，作为基础设施重要组成部分的建筑物，如高铁站、地铁站、核电站、机场、码头、数据中心、交易所、医院、城市商业综合体、重大装备生产厂房和大型体育文化场馆及其信息资源等，是社会经济运行的关键基础设施。

全球已发生数百起针对工业控制系统的攻击事件，美国和欧盟都从国家战略的层面发布建筑物信息安全和工业控制系统的应对策略。我国也在政策和技术层面积极推进，取得了重大进展。2011年工业和信息化部发布了《关于加强工业控制系统信息安全管理的通知》，2016年工业和信息化部印发了《工业控制系统信息安全防护指南》，2021年8月17日，国务院发布了备受瞩目的《关键信息基础设施安全保护条例》，这是构建国家关键信息基础设施安全保护体系的顶层设计、重要举措和落实《网络安全法》的要求，更是保障国家安全、社会稳定和经济发展的需要。为推动国产建筑管理和控制系统在国家关键基础设施应用，本报告提出以下对策和建议：

（1）建立我国智能建筑的信创产业体系。鼓励行业企业组建产业技术创新联盟，组织实施产业带动力强、经济社会影响力大的国家科技攻关项目和科技成果产业化项目，加强智能建筑通用芯片、操作系统和软件开发工具等基础技术和产品攻关，形成从控制器芯片、通信标准和系统软件等信创及其产业体系建设，提高国产系统的竞争力。

（2）出台建筑管理、控制系统和产品的信创体系认证和准入机制。将信息创新融入建筑全寿命期中，通过建立全方位评估体系构筑国家关键基础设施建筑物信息安全防线。建立结合产品质量和信创双重标准的控制系统产品检测标准，并颁发认证资质，提高国产系统产品的成熟度和安全性。

（3）推进国产建筑管理和控制系统进入政府采购清单。将通过认证的国产建筑管理和控制系统平台产品纳入"政府采购清单"，引导国产建筑管理和控制系统平台全面进入关键基础设施建筑物，鼓励企业全面应用国产系统产品。

4.2.5 提高行业科技创新能力

企业是集聚科技创新要素的关键载体，更是开展科技创新工作的实施主体，担负着科技创新主要需求者、积极推动者、要素集成者和重要管理者等多重角色。提高行业的科技创新能力，关键是企业的创新能力，本报告建议从以下几个方面推动创新工作扎实有效的开展。

（1）深入分析科技创新的发展趋势，制定科技创新发展战略。企业的科技创新成果驱动市场需求，市场需求直接牵引企业科技创新，企业要准确把握科技创新发展的新趋势，摸清行业科技创新的前沿热点，结合自身发展定位、发展目标和发展方向，坚持有所为有所不为的原则，制定科技创新发展战略。完善前沿科技动态情报分析，综合研判前沿科技发展，采取有效措施防止落入"技术陷阱"。把握科技创新技术攻关和产品发展，根据产业发展的新规律新趋势，及时跟踪颠覆性高科技的动态，做好未来市场的技术储备工作，为抢占市场先机奠定坚实的技术基础。

（2）敏锐感知科技创新满足客户需求，以独门绝技吸引客户。企业要根据不同区域、不同层次、不同类别需求侧的客户群体，洞察客户的核心需求，以最大限度地满足客户需求为目标，针对不同客户群体精耕细作，选择科技创新方向，加大资源投入力度，为研发适销对路的产品提供技术支持，突出核心竞争力吸引客户，努力开发先进产品抢占市场先机，不断扩大市场占有率。

（3）准确把握科技创新的应用前景，寻找市场缝隙。企业要紧紧围绕应用场景开展科技创新，始终把创新作为发展的第一动力，主动把握数字中国、构建新发展格局等重要战略机遇期，开展深入细致的市场应用场景分析和研究工作，寻找市场缝隙，扩大市场机会。突出攻克行业产品的信创技术，通过科技创新的群体性突破，引领产品创新发展，培育新的产业集群。

（4）发挥科技创新项目的牵引作用，充分整合外部资源。企业要发挥科技创新连接市场的桥梁和纽带作用，发挥科技创新项目的牵引作用，充分整合外部资源，利用国内外资源完善现代产业体系，建设具有更强创新力、更高附加值、更安全可靠的产业链和供应链。

（5）积极畅通政产学研用之路，关键技术协同创新。企业要坚持以市场为导向，聚焦重点产业关键技术协同创新，推动政产学研用合作创新网络建设，联合政、产、学、研、用五大创新主体密切合作、关键技术协同创新。充分利用国际资源，以国际化视野推动科技创新，全方位加强国际科技创新合作，联合产业链上下游跨越束缚创新和成果转化难的障碍，加大科技创新资源投入力，着力推动科技成果转化落地工作。

（6）发挥科技创新集聚优秀人才，有效利用创新资源。把引进人才的工作重点放在促进企业成长上，改变人才使用方式，不求所有，但求所用。有效利用创新资源，推动技术、组织、市场、战略、管理创新、文化和制度等要素有机组合，探索推行"众包悬赏式"科技创新项目立项和研发经费资助，为企业科技创新提供经费支撑。以产业链为主线，推动产业链上游供应商、下游客户合作创新，分享合作经验，联合同行企业合作研发。开展共性技术、行业标准和互授专利技术等竞争式合作创新，加强知识产权保护，探索知识产权的运营管理模式。

4.2.6 培育行业专精特新企业

智能建筑企业有着不可替代的专业特长和信息化专业优势，具备科技含量高、跨专业系统协调统筹、施工精细、软硬件融合集成、智能化系统调试开通和运营再优化等技术特长，在建筑行业数字化转型发展中，企业应抓住数字中国的发展契机，梳理企业技术优势，找准行业细分发展方向，集聚人才和资金打造企业独有的核心竞争力，在创新能力和市场竞争中脱颖而出。本报告提出以下建议：

（1）相关主管部门出台市场准入和财政税收等方面的相关扶植政策，鼓励智能建筑企业成长为不同层级的"专精特新"小巨人企业，成长为行业独角兽。

（2）企业应采取针对"专精特新"的创新环境、机构建设和人才培养等方面专项措施，充分利用好股权激励工具，一次分配重点考虑科研人员的创新贡献率，二次分配重点考虑创新成果商业化发展和核心人员团队的稳定性。

第 5 章

典型应用与实践案例

随着各种新技术的应用，数字化转型、城市更新和绿色"双碳"目标的推动，智能建筑企业在全国各地和各行业建设完成了一批典型应用与智能建筑工程实践案例，本报告将案例分为智能建筑案例、智慧园区案例和智慧城市案例三大类，通过这些案例在新技术、新产品、新服务和新模式等方面的应用效果和经验分享，对企业的研发、创新、应用成果及其社会经济价值，进行总结和思考，同时希望相关企业和机构有所借鉴。

5.1 智能建筑案例

5.1.1 国家体育场（鸟巢）智慧化更新项目

1. 建设背景和内容

2022 年冬奥会与冬残奥会开闭幕式在国家体育场（鸟巢）举办，通过对国家体育场智能化改造，构建鸟巢智慧场馆，将 2022 北京冬奥会办成最具科技含量的冬奥会，为城市留下冬奥美好的记忆（图 5-1）。

图 5-1 国家体育场（鸟巢）智慧场馆项目

项目构建了"1+8+1"应用体系,包括数字孪生、健康环境、能源优化、设备监测预警、公共安防、交通调度、共享停车、公众服务、数字消费以及运营中心。项目申请《一种基于群智能技术的能源物联综合管理系统》发明专利1项,取得能源物联网平台和设备监测预警平台软件著作权2项,孵化成果"基于AIoT的设备监测诊断预警技术"获得第五届全国设备管理与技术创新成果技术二等奖。

2. 关键技术应用和创新点

"鸟巢"作为世界首个承担双奥开闭幕式的主场馆,打造全球首个5G+AIoT大型体育文化场馆,创新应用5G、人工智能(AI)、物联网(IoT)、云计算、边缘计算和数字孪生等先进技术,以建筑为单元,挖掘建筑各系统的设备、人、车、能源和安防等动态实时运行数据,依托这些实时数据,为冬奥开、闭幕式活动提供重要保障,并在赛后为建筑的安全低碳运维、业主的智能物业管理,以及周边区域的城市智慧运行提供数字化、网络化和智能化的智能建筑集成系统。

(1)场馆物联。基于泛在物联网络,鸟巢采用非侵入方式加装了近8000个IoT传感器和控制器,为这座地标建筑开启了"感受系统""神经系统"与"运动系统",实现了全场馆人、车、物、事的可感、可达和可控。

(2)人工智能。通过视频识别分析算法,将原有的视频安防系统由传统的"人防"模式逐步转变为"技防"模式,即将事后回溯处置安防事件提升成为事前可预测、事中可控制、事后可回溯的智能化安防系统。改变原有交通管控的模式,在大型赛事、活动期间,通过入场离场时间、人员数量统计,结合周边公共交通出行信息,模拟分析对城市交通系统的影响,给出最优调度决策建议。通过交通仿真算法,预演并量化不同交通疏解策略对国家体育场周边交通状况的疏解效果。实现与城市交通的有机联动,通过整合国家体育场周边2km范围内停车资源,接入10个示范性车场的实时停车数据,可快速将国家体育场周边车场资源接入系统,实现区域共享停车资源的统筹管理和智能调配,为观众开放场馆邻近区域停车信息查询与共享车位预订服务,满足大型活动期间短时大量停车需求。

(3)绿色低碳。能源管理应用将物理场与分布式计算深入融合的全新计算系统架构,将标准化的建筑空间及设备信息模型植入到全场馆2287个能源感知终端、3335套环境感知与控制终端,建立了贯穿底层硬件和上层软件平台,并且具备完整全面数据结构的建筑运行信息系统。利用运行与能耗数据,改进对场馆能源运行策略,提升15%能源系统效率,减少20%能源消耗。设备管理通过设备可靠性分析算法,实现场馆各类设备故障诊断和预警,保障场馆内设备设施安全运行,延长设备设施生命周期,保障场馆在赛时赛后平稳运行,降低材料与维修成本。

(4)5G技术应用。为满足冬奥期间闭环管理的需要,鸟巢集合了AI、大数据技术,创新推出了5G"巢卫、巢信、巢购"产品。人员入场时在"巢卫"防疫智检机刷身份证,同时实现身份识别、测温、健康宝、核酸及疫苗情况通检,极大地提高了防疫检测效率。应用5G消息技术的"巢购",使手机号即可成为5G消息的用户ID,既可支持发送文字、图片、音视频、地理位置等丰富消息,还可与鸟巢Chatbot(聊天机器人)进行交互。结合了5G、AI、数字人民币等技术的"巢购",为观众、演职人员、运营保障人员提供便利的消费服务。支持消费者在购物过程中,多样化选择、一次性结算、多渠道支付和自助式服务。

(5)群智能技术应用。首创了基于5G切片边缘云的能源物联技术,将自主群智能动态源网荷匹配技术和基于AIoT的设备监测诊断预警技术、威视安检产品、洁净防疫产品应用于鸟巢,解决了大型公建绿色低碳、智慧运维等问题,创造了奥运场馆智能化改造可复制、可推广的"北京经验"。

5.1.2 杭州亚运场馆新建项目

1. 建设背景和内容

杭州亚运场馆新建项目中的体育馆、游泳馆为连体建筑,总建筑面积39.7万 m^2,体育馆共设有1.8万个座位,与之相连的游泳馆设有6000个座位,亚运会的篮球、游泳、跳水、花样游泳,亚残运会的轮椅篮球、游泳等比赛都在这里举行。场馆应用AR、大数据、物联网和云计算技术,通过智能场馆综合平台系统来满足重大赛事的智能可视、指调运维需求,满足自身服务管理需要(图5-2)。

2. 关键技术应用和创新点

项目采用IBMS综合运维管理平台,将场馆内的视频监控系统、门禁管理系统、

图5-2 杭州亚运场馆项目

停车管理系统、能源管理系统、智能厕卫系统、智能灯杆系统等 10 余项子系统，集成为一个"有机"整体。场馆综合运维管理平台建设目标满足：一个工作台 + 八大板块。一个工作台是指场馆智能化管理能力的集合工作平台，为解决场馆全要素的物联接入、控制管理、应用闭环管理的多项问题提供解决方案；八大板块包括三维可视管理、指挥管理、赛事活动保障、场馆巡检管理、资产管理、数据管理、子系统接入管理和能耗管理（图 5-3）。

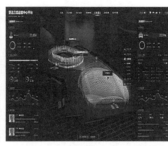

图 5-3　杭州亚运场馆新建项目

通过管理平台能够实现重要设备实时的管理控制、方便赛事活动保障、实时指挥处置场馆突发事件、高效率配置好人员巡查计划等。运用 AI、AR 和 VR 等技术建设了规划 AR 导航、裸眼 AR 观赛、大屏互动、语音交互和竞技体育 AR 游戏体验等七个观赛场景，进一步提高观众观赛观演的体验度，强化亚运科技感和数字感。

场馆在提升运维智能化水平的同时，还围绕办赛、参赛、观赛等重点环节，通过打造智慧应用场景，提高运动员、观众和游客的参赛观赛体验。其中，办赛场景包含智慧灯杆、智慧安防、环境监测、公厕引导等系统，参赛场景则包括智能安检、AI 同声传译、智能会议实时转写、智慧停车、车路协同等系统。

5.1.3 国家会展中心（天津）项目

1. 建设背景和内容

国家会展中心（天津）项目，由商务部、天津市政府合作共建，是继广州、上海之后的第三个国家级现代化展馆。集展览、会议、商业、办公、酒店功能于一体。项目总建筑面积约 134 万 m^2，包括 32 个室内展馆和 4 个室外展场。其中室内展览面积约 40 万 m^2，室外展览面积约 15 万 m^2，商业配套 32 万 m^2，货车轮候区 11 万 m^2，能源站 1849m^2 等。项目分两期建设，一期工程总建筑面积约 478613m^2，室内展览面积约 20 万 m^2，总停车位数 5000 余个（图 5-4）。

图 5-4 国家会展中心（天津）项目

2. 关键技术应用和创新点

2021 年 6 月，国家会展中心（天津）正式启用，各类智能化和智慧化技术得到了广泛应用与验证，其中，智慧安防系统包括人脸识别、实时客流热力图跟踪等技术的应用，提高了展会安全保障，降低了安保成本；室内外无线覆盖技术的应用，为高密度的参展人员以及各类智慧化应用随时提供高带宽、高速率的网络支撑；应急指挥调度系统可以做到突发事件及时响应；智慧车辆调度系统使得货车轮候更加轻松、高效，大大提升了布撤展效率；其他会展扩展功能如智慧点餐、展馆线上导航、路线规划、智能语音助手、商旅信息等功能，也提升了客商参展参观的综合体验。

（1）数字平台。数字平台作为本项目智慧化解决方案的核心，将会展中心内的人、车、物等相关的设备、设施通过物联网统一接入，同时通过数字平台的集成平台将原本孤立的监控、周界、门禁、消防、车辆、楼宇、群控、配电等智能化子系统统一接入、汇聚、建模，实现综合分析和展示、集成联动和统一服务的功能。

（2）云基础设施平台。作为本项目信息化的基础设施，云平台以云服务的方式为信息化系统提供弹性、可靠的计算、存储、网络资源，实现会展中心信息化基础设施资源的统一规划、统一建设、按需调配、即需即用、有效共享，满足各部门、各业务系统 IT 基础设施的应用需求，同时为未来会展中心业务扩充奠定基础。

（3）赋能应用开发，实现系统的可持续升级和迭代。通过标准接口协议的对接，实现数据融合汇聚，服务统一接入和开放。数字平台从垂直方向打通各业务子系统信息孤岛，消除数据壁垒，实现数据全融合；统一应用服务和数据出口，数据调用化繁为简；基于数字平台沉淀的业务资产，使得应用开发更敏捷，新业务上线周期更短，效率更高。从水平方向看，新业务能力通过云服务平台快速复制分发，减少未来的重复投资。

（4）"智能化"+"信息化"两化融合，实现智慧化。项目建筑由建筑智能化系统搭建的基础系统,作为建筑运行和业务运转的基础。项目广泛运用了信息化技术,打造统一数字平台和在线服务,通过标准接口协议与数字平台进行对接,实现数据融合汇聚,服务统一接入和开放。在数字平台设立智慧安防、智慧能源管理、一站式在线服务、会展数据分析、线上导览、AR精准导航、智慧车辆调度等系统,实现场馆管理、会展运营和服务体验智慧化。通过两化完美融合,智能化系统支撑智慧场馆管理类、智慧会展运营类、智慧体验服务类的各类应用平台,各类智慧化系统又赋能各智能化系统,对会展中心场馆内的人、车、设备、空间等信息流进行智慧管理与呈现,大大提高场馆的管理和运营效率。

5.1.4 阿里巴巴杭州软件生产基地项目

1. 建设背景和内容

阿里巴巴杭州软件生产基地二期增资扩建项目,位于浙江省杭州市滨江区、阿里巴巴滨江园区一期之北侧;地块西面为时代大道之高架部分,中间设有50m宽绿化带;东侧为网商路,并与欧亚达家居建材馆(东北角)、安置房小区(东侧)为邻;北侧为滨江区主干道江南大道项目。总建筑面积245058.2m²,其中地上建筑面积159485.5m²,地下建筑面积85571.7m²;园区内1号~4号为办公楼,5号为配套附属楼,主要功能为餐厅、健身房等配套设施(图5-5)。

图5-5 阿里巴巴杭州软件生产基地项目

2. 关键技术应用和创新点

本项目引入阿里巴巴智慧建筑概念，是阿里巴巴集团首个以智慧建筑为设计理念实施的项目。

（1）以智慧建筑平台为基础，通过平台建设，将各智能化子系统及相关机电设备进行统一接入，实现建筑海量大数据的集合，通过平台营造智慧建筑生态云平台，与云数据相结合，并通过SaaS的形态展现智慧建筑的各类应用。

（2）以智慧系统建设的方式，实现了各智能化子系统无上位机的模式，从传统的垂直烟囱式集成变成了扁平化的大数据集成系统；通过海量大数据与园区的人、机、环境适配，调动机电设备动态化控制，实现绿色低碳节能目标；实现了园区各类信息资源数字化，为城市数字化转型提供基础条件。

（3）以人脸识别系统建设的方式，实现一卡通系统无感通行管理。基地内所有门禁、消费等相关系统，全部采用基于人脸识别的应用部署，实现了业主、访客全人脸识别的管理模式，停车库采用全视频车辆引导及手机在线导航寻车，实现高科技与实用性充分融合。

（4）以阿里巴巴共享办公设计的方式，建设统一办公环境，通过提供工位、Wi-Fi、共享会议室、共享储物柜等多种基础办公设施，将智慧建筑、共享办公的理念应用到整个办公流程之中。

5.1.5 福建省儿童医院项目

1. 建设背景和内容

福建省儿童医院项目建设用地面积为145509.6m^2，建筑面积总计226969m^2，其中地上建筑面积147610m^2，地下建筑面积79359m^2。包含医疗综合楼（含医技、门诊、病房）、感染楼、教学交流中心、生活配套用房、液氧站、污水处理站，项目获得第三届中国施工企业协会工程建设行业BIM大赛二等奖（图5-6）。

图5-6 福建省儿童医院项目

2. 关键技术应用和创新点

（1）数字化转型。项目以建设全面的管理信息系统和临床信息系统，运用先进的IT技术对全院的信息资源（人、财、物、医疗信息）进行全面的数字化，优化和整合医院内外相关资源为临床及管理服务，提供先进的、便捷的、人性化的医疗服务；构建后勤机电资产设备管理与运维BIM平台，为智能化系统构建一个统一的信息、管理和监控集成平台。

（2）高效低碳。通过建设建筑设备监控系统、智能灯光、建筑能效监管系统、模块化机房等智能化措施，通过集成管理平台控管一体化管理，为建筑提供一个健康舒适、绿色低碳、安全可靠、智慧高效的建筑环境。

（3）新技术应用。通过构建无线物联网平台，采用超宽频系统，为无线物联网提供统一、可共享的传输；通过统一的、高度集成的物联网平台，使各种应用功能基于同一个平台进行呈现、使用和管理。

5.2 智慧园区案例

5.2.1 华为园区群设施集中运营管理项目

1. 建设背景和内容

华为园区群设施集中运营管理项目，采用自主研发的建筑设备控制管理系统，采用公有云SaaS方案，实现华为多个园区的BA系统建设和设施统一集中运营管理。项目分布在深圳、北京、青岛等多个城市的华为园区，总建筑面积约35万 m^2，集中管理包含冷热源系统、空调末端、送排风、UPS、精密空调、给水排水、照明、供配电、环境监测等设施设备，管理设备数量达2万台，约20万监控点位（图5-7）。

2. 关键技术应用和创新点

（1）自主创新、安全可靠。①全技术栈创新研发：包括欧拉操作系统（网关）、LiteOS（端侧）、GaussDB（云），实现全栈安全可靠；②安全认证：网关和现场控制器（DDC/IOM/VAV）双向证书认证；③通信加密：网关和现场控制器上行和下行均采用DTLS加密。

（2）智能控制、高效节能。通过智能算法结合实时天气/人数/冷机实时状态/

图 5-7　华为园区群自研 BA 建设和设施集中运营项目

电能数据/历史运行数据等多类参数自学习和训练，提供更合理、精准的冷机控制策略，冷机运行从固态模式转变为动态模式，通过冷机启用台数/启停时间/水温设定/空调末端需量调整等方法，实现节能。华为运营园区中有近两年的项目积累，平均节能 15% 以上。

（3）跨域运营、资源统筹。①通过物理方法集中节省办公空间，多园区集中运营仅需一个集中运营中心；②通过集中运营实现人力共享，实现跨区域集中运营，降低运营成本 60%；③通过多系统合一实现所有系统一屏可视，人员充分共享，减少无效告警数量，基于事件派单，专家知识共享，通过自动巡检、专家系统降低值班工单数量，提升作业效率 34%。

（4）数智结合、绿色低碳。公有云 SaaS 设施管理方案 7×24h 在线全面获取园区运行能耗数据，精准统计分析园区能耗水平和碳排放数量，通过精准智能控制策略、提升园区绿色低碳管理水平。

5.2.2 中建科技产业园项目

1. 建设背景和内容

中建科技产业园（中建·光谷之星），由中建三局投资建设运营，位于武汉光谷中心区，占地 650 亩（1 亩 ≈ 666.7m^2），总建筑面积 108 万 m^2，是"中建之星"和"中建产业园"双品牌联动的首个产城融合示范园区，集三局总部大楼、超 5A 甲级写字楼、中国建筑科技馆、光谷万豪酒店、国际会议中心、市民运动中心、商街等于一体，获LEED白金认证，全国信标委优秀智慧园区、全国智标委 CIM+ 智慧园区标准应用示范。智慧园区由中建三局智能技术公司规划设计实施，采用智瓴 CIM+ 园区平台，打造全周期、全时空、全要素、全过程的空间底板，构建六大态势、36 类 173 个应用场景，实现一体展现、多维感知、立体管控。项目平台接入武汉东湖高新区 CIM 平台，为首个社会服务应用示范（图 5-8）。

图 5-8　中建科技产业园项目

2. 关键技术应用和创新点

（1）可视化数字孪生。利用数字孪生技术模拟真实世界，打造集宏观微观、地上地下一体化、室内室外一体化的游戏级渲染效果的城市全要素、全空间、可交互的高逼真场景，构建全数字化三维空间可视化数字孪生。

（2）细化管理颗粒度。将基于 CIM 的智慧园区与省 / 市 / 区各级 CIM 基础平台相结合，打造典型应用，有效将城市信息管理的颗粒度从建筑整体延伸到了建筑构件，构建从城市宏观布局到微观部件的完整全面的城市信息框架，为城市精细化治理提供数据基础。

（3）智慧项目管理与城市管理的高度融合。CIM + 智慧园区平台，向下对接城市平台，向上支撑园区具体应用，将智慧园区的管理职能融入智慧城市的管理体系建设中，实现智慧园区管理与城市管理的高度融合，助推省 / 市 / 区府城市建设管理高质量发展。

（4）低碳发展可持续。利用物联网、5G、AI等技术，实现对园区建筑能耗的监测、统计、分析与对比，通过策略控制及精准供能模式，有效降低园区能耗，实现绿色低碳节能环保的可持续发展空间。

（5）园区管理高效化。依托智慧园区平台，运管人员在线管理企业招商、安保巡更、物业报修、访客预约、车辆通行、资产台账、场地租赁、设备维护、能源管理、无人环卫等，全方位掌控园区的"人、事、物"等各要素状态，提升服务品质、运行效益，降低运营成本。

5.2.3 雄安商务服务中心项目

1. 建设背景和内容

雄安商务服务中心项目共有12栋建筑体，26个楼座，占地面积约为21.73ha（1ha=10^4m^2），总建筑面积约为90.15万 m^2，其中地下建筑面积约31.98万 m^2，地上建筑面积约58.17万 m^2，建成后将完善雄安新区的各项商务服务配套功能，为疏解到新区的央企提供服务，如图5-9所示。项目是太极公司承接的雄安新区首个标志性城市综合智慧园区，通过"规划—设计—建设—运营—更新"的一体化路径，践行"共建、共用、共享、共赢"的新生态理念，构筑全要素智能支撑、全场景智慧赋能、全主体协同运管的商服中心园区可持续发展生态圈，实现社会效益与经济效益的有机统一。

图5-9 雄安商务服务中心项目

2. 关键技术应用和创新点

商务服务中心项目属于智慧园区业态，建设目标是以营带建、为营而建，在智能化上采用了 AI 分析、物联传感、智慧杆柱、车路协同、环境监测、绿能发电、结构监测等先进技术手段，信息化上我们充分利用云计算、大数据、物联网、人工智能和移动通信等新一代信息技术，解决了包括市政、机电、消防、暖通、生态环境、智能建筑等百余个子系统的全域数据采集、汇聚、分析和共享，为商务服务中心提供高速便捷、安全可靠的信息传输、存储和运行的信息化平台。打造"信息互通、资源共享、数据融合、协调联动"的一体化运营管理中心，有效推进园区治理和服务能力的提升，为实现以人为本的服务提供纵到底横到边的全方位技术支撑，以加快建设"数字智能之城"样本为方向，明确了场景引领下的"IB+IT+OT"的建设主线，"IB+IT+OT"即"IB（智能建筑）+IT（服务信息化）+OT（运营智慧化）"的创新理念。以建设"集成整合的数智化园区"为目标，实施数字园区、智能园区"双轮驱动"的发展战略，全力打造具有雄安特色的创新版智慧园区。

"IB+IT+OT"技术有以下亮点：（1）管理要素实现全业态、更精细；（2）平台体系实现全覆盖、更完善；（3）运行体征实现全集成、更科学；（4）智能应用实现全场景、更智慧；（5）协同监管实现全联动、更高效。

商务服务中心信息化系统是"数智"化园区的"大脑"，如图 5-10 所示。实现

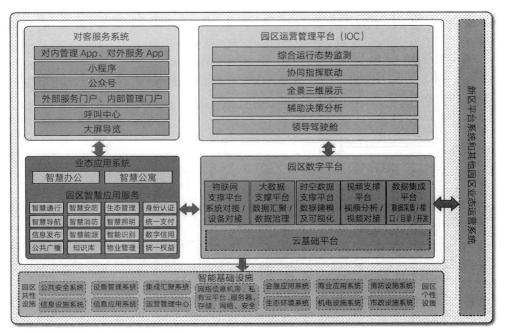

图 5-10 雄安商务服务中心项目

园区全量信息资源的整合与展示、园区运行管理的集中监控和园区服务的统一调度和协同联动等功能。为园区入驻人员和运管人员提供便捷体验、园区入驻企业提供智慧赋能、园区运营管理单位提供数智化技术，以及新区政府监管部门提供辅助决策支持。依托"智能建筑＋信息体系＋智慧运营"的业务体系，按照"物联感知—智能联接—数据中枢—智慧应用"的技术架构，打造"5个1工程"的全场景信息化应用体系，即一个园区信息模型CIM、一张智能物联网、一个大数据中心、一套移动应用和一个运营管理平台，驱动全场景智慧落地。实现了以需求为导向，以数据为驱动，以智能为核心，围绕商服中心园区可持续发展的关键要素，面向"新区—园区—业态—建筑"的层级，构建跨业态、跨建筑、跨系统、跨部门、跨业务的商服中心园区智慧应用体系。

5.2.4 东南智汇城多业态智慧园区项目

1. 建设背景和内容

东南智汇城位于石家庄城市东南，南二环与体育大街交会处，项目占地1400余亩，总建筑面积280余万 m^2，规划住户11718户，项目涵盖高层住宅、花园洋房、体验式商场、5A甲级写字楼、loft公寓、五星级酒店、酒吧街、商墅等多元业态。项目涉及的智能设备数量及点位超过20万个，如图5-11所示。该项目为石家庄地区首个大型多业态综合智慧园区项目，并获得了2020年及2021年度石家庄创新创业大赛的大奖。

2. 关键技术应用和创新点

（1）大数据平台赋能运营数字化转型。东南智汇城大数据平台对物业、园区运营管理中产生的运营数据、设备数据和管理数据等数据资源进行收集、整合、存储与

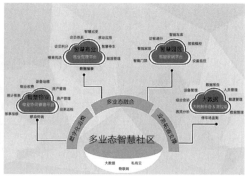

图5-11　东南智汇城多业态智慧园区项目

分析，并使用智能感知、分布式存储、数据挖掘、实时动态可视化等大数据处理技术，动态加载各类差异化策略模型实现资源的合理配置，如图5-12所示。

图5-12 东南智汇城大型多业态综合智慧园区项目

综合智慧园区有决策、协同、财务、运维、空间、安全等多维度的数字化的需求，大数据平台方通过管理提效、人力优化、业务扩展进而实现业务逻辑打通大数据服务及新技术应用，最终各业务系统的数据得到有效的管理和维护，保证数据安全，刺激业态运营服务升级，赋能多业态数字运营，助力综合智慧园区运营数字化转型。

（2）以节能减排推进绿色低碳目标。能效管理系统包括能源设备管理、能耗检测和统计、预警和节能控制等功能。该系统体现了能耗信息数字化及能耗分析的智能化。该系统通过实时采集能源仪表设备的信息，获取电、水、气等能耗信息，多维度统计分析，发现能耗异常，进行预警，根据预警信息进行工单下发或自动设备参数设置，形成闭环管理。

能效管理系统已经在商场、5A甲级写字楼及五星级酒店中应用，实现水电能耗实时监测，做到能耗异常第一时间发现，工单及时下发，结合现场情况进行故障统计，根据故障数据和维修数据，分析设备运行规律，生成预防性保养或采购建议等。如商户在微信端可实时查看异常用能提醒、能耗数据统计、余额等信息，协助商户自身发现用电设备异常故障情况。随时在微信端查余额和充值，能源少于3d使用量时候，系统会自动提醒，减少商场和商户之间沟通成本和人员成本，在设备能耗和人力资源上实现了节能减排和绿色低碳。

（3）AI应用提升用户体验。本项目专门研发和采用了适用于智能家居场景的智能语音终端。应用语音识别新技术，与科大讯飞语音平台进行了深度合作，开发了智能语音控制系统。在智能家居语音系统方面进行了深度开发，实现语音识别新技术和智能家居的完美结合，应用效果如下：①智能家居场景控制和设备控制，语音指令包含关键词即可。指令内的关键词顺序可调，部分关键词可缺省，系统会自行分析，正确执行设备动作。②对接楼宇梯控，实现室内语音呼叫电梯。③对接欢乐汇商场某火锅店迎宾机器人，实现四川话进行店铺咨询、排号、聊天等。④语音系统支持讯飞平台所有的常用语音技能，比如天气、聊天和新闻等数百个技能。

5.2.5 华南理工大学广州国际校区项目

1. 建设背景和内容

华南理工大学广州国际校区位于广州番禺区，与广州大学城隔岸相望，总用地1650亩，建筑面积约110万m^2，其中一期建设50万m^2，二期建设60万m^2，总投入超110亿元。拟设立10个新工科学院，逐步实现约1.2万人的办学规模，建立完整的本科—硕士研究生—博士研究生培养体系，其中本科生约3000人、研究生约9000人，如图5-13所示。

图5-13 华南理工大学广州国际校区智慧校园总体架构

2. 关键技术应用和创新点

（1）**基础智能化系统**

智慧校园感知层和网络层的智能化系统，包括：①信息设施系统：包括通信接入系统、电话交换系统、布线系统、信息网络系统、移动通信室内分布系统、有线电视系统、校园广播系统、时钟同步系统、公共信息系统；②绿色节能系统：包括建筑设备监控系统、智慧配电系统、能源管理系统、智能照明系统、物联网系统；③安全防范系统：包括视频监控系统、出入口控制系统、入侵报警系统、无线对讲系统、电子巡查系统、停车场管理系统；④智慧校园中央管理平台：包括智能化集成系统、BIM、地理信息系统、智慧设施管理系统（物业管理、资产管理、设备管理）、手机App；⑤机房工程：包括数据中心机房、消防安防监控中心、智慧校园管理中心、汇聚机房、通信接入间。

（2）应用场景

智慧校园应用层的智能化系统包括：智慧校园管理系统、校园一卡通系统、智慧教室、智慧实验室、智慧图书馆、智慧宿舍、智慧餐厅和智慧体育场馆。①智慧教室：精品课程录播、交互式教学系统、标准考场、电子白板、远程教学系统；②智慧实验室：智能试剂柜、实验室安全管理、实验课考勤管理；③智慧图书馆：智慧图书管理、电子阅览室、24h自助借还书、图书自动分拣；④智慧宿舍：智能水控机、电子门锁、光纤入室、智能抄表、智慧洗衣机；⑤智慧餐厅：智能餐盘、明厨亮灶；⑥智慧体育场馆：智能储物柜、综合球类比赛计时记分、大屏幕显示、场地及观众席扩声系统；⑦智慧安防：安防综合管理平台；⑧智慧巡检：在线式电子巡查及机器人巡检。

5.2.6 临安青山湖"零碳"智慧产业园项目

1. 建设背景和内容

青山湖LinkPark（滨河）"零碳"智慧产业园，位于杭州市临安区青山湖镇，是浙江省第一个通过验收的零碳园区，由国网浙江综合能源公司"双碳"分公司、福斯特、万马股份等多家企业共同完成。

2. 关键技术应用和创新点

（1）摸清园区"碳家底"。以"算碳"作为工作起点，综合利用物联网、大数据、AI等技术，摸清园区和企业温室气体直接排放量、生产过程中间接排放量，全域碳库组集中收集资料346份、现场企业走访37次、集中研讨54次，依照空间、时间、频次等维度，对楼、层、室进行精密计量，建立最细颗粒度能源资源用量，合计完成2802项碳库数据整理，1份园区级、8份企业级的《温室气体盘查工作报告》，并向企业出具温室气体核查声明证书。

以"知碳"为目标，根据温室气体盘查结果，核算出园区范围内新能源场景能碳及高低压配电房场景全电参量的碳排放量为5571.936tCO_2eq，并在此基础上叠加食堂场景天然气用量后总碳排放量为7562.92tCO_2eq。识别碳排放源头，建立碳排放源与园区责任主体关联关系,综合输出责任主体碳绩效,对标行业、区域先进水平,定位优化方向,预测园区碳排放趋势,测算园区碳容量,确保园区碳库受控数达2400项以上,为精确治理碳排放提供可靠的数据基础。

(2)全域覆盖采集监测计量。能碳采集组按照应采尽采、充分利旧、全域覆盖原则完善设计方案,采集内容涵盖:①新能源场景能碳采集数据接入(分布式光伏、分布式储能、充电桩、智慧照明等);②高低压配电房场景全电参量监测数据接入;③食堂场景天然气用量数据接入;④楼栋/企业用能场景采集数据接入;⑤楼栋/楼层乃至公区重点用能设备监测计量控制装置;⑥园区入驻企业分项用能设备精细化管理及用电安全管控,并接入省发展和改革委的需求侧响应(第三方开放接入)及电力交易接入要求(第三方开放接入)。园区总计共设置2635个能碳监测计量控制点。

(3)园区数智控碳管理服务平台。如图5-14所示,数智控碳组基于零碳园区"管碳"需求,在园区及企业温室气体盘查基础上,提供园区碳排放、企业碳排放、建筑碳排放、交通碳排放、碳汇、绿能和治理等7大管碳场景;建立园区经营主体碳账户,生成企业碳标签,做到"家家有账本,随时可查询",系统分析能源消费总量、碳排放总量、能耗强度、碳排放强度等;完成典型高端智造产品的碳足迹标识认证应用示范,对接服务省、市区级资源数据管理部门,完成与省数智控碳平台、区级"零碳"数智大脑对接,为并网预留接口。

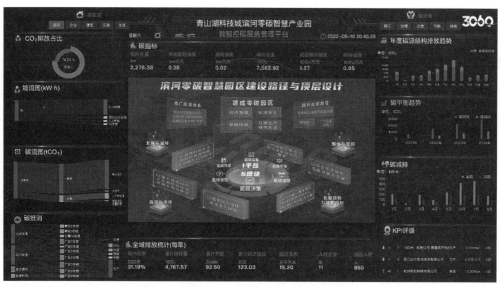

图5-14 临安青山湖"零碳"智慧产业园项目

(4)低碳改造应用示范场景。依托园区数智控碳管理服务平台,采用物联网大数据、节能减碳技术，引导各责任主体有序开展节能减碳技术改造。立足"本土化产品、集成化系统、模组化服务"定位，场景建设组配合管委会充分发挥本地企业作用，共同建成了分布式光伏、分布式储能、智慧路灯、光伏车棚、充电桩、地下车库出入口柔性光伏等六大"治碳"应用场景，其中分布式储能已成功投运使用。

（5）建立零碳园区标准体系。标准体系组依据《零碳智慧园区白皮书（2022）》《中国净零碳排放标准化路径指南》《浙江省绿色低碳工业园区建设评价导则（2022版）》等，初步建立零碳园区评价、设计、建设、运营等4大"用碳"标准体系；已完成《零碳园区和企业碳盘查业务实施指南》《零碳园区和企业能碳数据采集系统业务实施指南》《零碳园区和企业数智控碳服务管理平台业务实施指南》3大建设实施指南；并申报国家发展和改革委员会资源节约和环境保护司《碳达峰试点城市、园区建设研究课题》、2022年浙江数据开放创新应用大赛《零碳园区数智控碳及数据开发应用》2大政策研究与应用课题，推进零碳智慧园区标准体系建设。

5.3 智慧城市案例

5.3.1 杭州和睦未来社区项目

1. 建设背景和内容

本项目为老旧小区改造类型，1980年建设，占地面积32ha，建筑面积20万 m^2。住户3566户，人员9757人。2019年，时任中央领导来到拱墅区和睦新村，走进居民家中关切询问老人照护、幼儿入托等情况，在社区考察居家养老服务项目，对和睦社区的工作表示充分的肯定，希望社区成为居家养老服务全国样板（图5-15）。

2. 关键技术应用和创新点

（1）在全省数字化改革统一总框架下，上联数字社会入口，下联一体化智能化公共数据平台，为社会空间所有人提供服务。社区业务数字化，沉淀基础数据，赋能治理及服务；与城市大脑、数字社会公共数据平台建立数据互联互通机制，通过数据回落给社区，利用数据赋能实现社区智治；以社区级平台（数字社区平台）为支撑，打造场景数字化应用，为社区居民提供数字化的美好生活。

（2）重点打造一老一小及融合场景。建设"阳光居家养老"服务综合街区、适

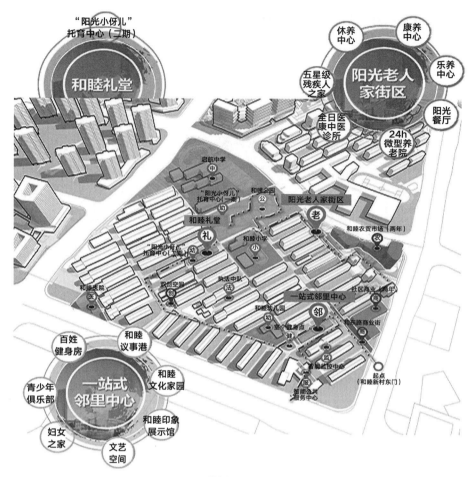

图 5-15 杭州和睦未来社区项目

老导向运动模块、适老化住宅改造、阳光 e 家。让小孩感知成长快乐："阳光小伢儿"托育中心、适幼导向的运动体系、适幼化设施改造、小伢儿云中心。实现场景融合：集约布局、复合利用、路径串联、安全慢行、老幼同乐、携手互助。

（3）社区公共服务中心 24h 自助办事区，社保医保、创业创新、城管违章等 261 项可办事项可在"家门口"办理，居民可利用业余时间就近办事。依托线上程序和线下售货保鲜机打造的"无人小菜市"，居民 24h 都能在家门口买到各种新鲜食物。

（4）全民健康红黄绿数字化管理平台上，社区内健康、亚健康、重点监护人群的状况通过"红、黄、绿"三色分类管理，独居老人的实时动态血压测量、心率监控通过智能设备传输到监测平台。小区内的幸福驿站，居民在健康管理师的指导下，点开微医智能医务室的智能设备，向屏幕另一端的医生远程咨询高血压问题，就医全过程仅需 3min 左右。

5.3.2 金华武义溪南智慧社区项目

1. 建设背景和内容

金华武义溪南社区智慧社区创建项目位于金华市武义县主城区南侧,北至熟溪,西至江山脚路,南至庆同路、环城南路,东至大桥南路、东莹小区、龙厦城市花园小区。占地面积约24.95ha。本项目为新建社区智能化系统工程,包括智能化基础设施、软件平台、应用软件和网络及信息安全设备等(图5-16)。

2. 关键技术应用和创新点

本项目作为智慧社区创建项目,以智慧社区理念、社区功能、系统架构和应用场景进行规划设计,以智能化基础设施、数字化平台和九大应用场景为核心,打造数字社会全场景未来社区的样板。

(1)邻里场景:建立一站式邻里服务中心,打造社区特色文化主题公园,提供社区公约、邻里在线、社区青年汇、孝心车位等线上服务。

图5-16 金华武义溪南未来社区项目

（2）教育场景：做好与社区外义务教育资源衔接，扩大优质教学资源覆盖面，打造数字化学习平台，设置专业技能等各类社区达人资源库，构建学习积分、授课积分等共享学习机制。

（3）健康场景：建立居民电子健康档案，提供远程诊疗、双向转诊等服务，打造社区爱心老年食堂空间及设施。

（4）创业场景：搭建创业帮服务中心平台，为社区创业人士和企业提供全方位的创业指导、咨询服务等，完善创业服务机制，提供创新创业机会。

（5）建筑场景：对老旧拆改小区提供引导方案，提供邻里开放共享空间。

（6）交通场景：推动社区内部封闭式管理，实现人车分流，完善地下空间互联互通、地上交通疏导管理。

（7）低碳场景：结合 AI 监控实现垃圾桶智控，利用光伏充电系统，实现小区的节能减耗。

（8）服务场景：通过智慧平台预警救援、空间定位、火灾感测联动报警等功能，实现突发事件零延时预警和应急救援。

（9）治理场景：设置虚拟事务监督委员会，搭建小区决策事项的数字化线上审批流程，推动社区自治管理。

5.3.3 深圳市罗湖棚户区改造项目

1. 建设背景和内容

深圳市罗湖"二线插花地"棚户区改造项目，定位为中国特色社会主义先行示范区智慧社区建设的最高标准，由深圳市天健公司投资，中建三局、中建八局、华西等 6 家公司联合总承包。项目总建筑面积 227 万 m^2，涵盖住宅（17854 套）、商业、中小学及幼儿园、社康中心等多业态，如图 5-17 所示。

智慧社区由中建三局智能技术公司设计实施，应用智瓴社区运营管理平台，围绕 1 个愿景、3 个目标、6 大成效、15 类政府应用、50 类 256 个应用场景，部署 50 万余个物联网终端，接入 i-罗湖 App，实现政府治理、民生服务等多项应用。项目获得 2021 年智慧城市先锋榜优秀项目。

2. 关键技术应用和创新点

（1）绿色低碳应用

智慧车行：智能分析 VIP 车位违停、道路车辆违停、道路拥堵，全方位保障园区

图 5-17　深圳市罗湖棚户区改造城市更新项目

车行安全。上下班高峰期，对出行天气、拥堵、车辆到站、周边服务情况作出聚合及分析，向员工推送最佳行车路线。无感通行：充分利用人脸识别和 AI 视频分析比对功能，打造极度顺畅、便捷的通行体验，使人在园区无感、安全和自由地通行。

（2）新技术助力数字化转型

AI 视频技术：在传统视频监控系统的基础上，通过对视频数据的智能感知和大数据分析，利用人脸识别、人车牌非结构化、行为识别、物体识别等 AI 技术，结合大数据分析及互联网技术，识别和区分人、事、物，实现社区车辆、环境卫生、街面秩序、公共设施等相关违规事件的自动发现、自动抓拍取证、自动上报，以及核查处理结果。

（3）可视化三维运营场景

GIS+BIM 技术：GIS 模型结合社区规划、建筑规划、智能建造、机电安装等技术及工程产业链与 BIM 模型，结合 BIM 数字孪生技术，建立 1:1 的可视化场景还原，实现三维可视化模型漫游，快速直观地查看社区各楼宇、设备机房等主要区域的空间位置和数据信息，赋能社区数字化运行管理。

5.3.4 横琴口岸及综合交通枢纽项目

1. 建设背景和内容

为支持澳门融入国家发展大局、促进澳门经济适度多元化发展，两地政府提出了

图 5-18　横琴口岸及综合交通枢纽项目

"借横琴口岸改扩建的契机,将莲花口岸搬迁至横琴口岸"的设想。横琴口岸在同一栋旅检大楼建筑中既有传统的珠海口岸,也设置了澳方管辖的澳方口岸区,珠澳工作人员在同一栋建筑中办公、查验、履行职责,创新地实现"一栋建筑、两种制度",如图 5-18 所示。

项目总用地 34.5ha,总建设规模 130 余万平方米,划分为 A、B、C、D、E、F 多个建筑组团,项目业态丰富,包括口岸通关、口岸配套、综合交通枢纽、综合配套服务区、酒店、办公、公寓、商业等,是超大型口岸枢纽综合体。项目功能主要涵盖三大功能体系:口岸通关区、综合交通枢纽功能区、口岸综合开发区。横琴口岸建设实现了区域土地集约利用和高效开发,以口岸的交通枢纽为核心实现地下空中多层次立体交通体系,实现通关时间效率最大化,是"一国两制"下粤港澳大湾区基础设施"硬联通"和规则对接"软联通"的标志性工程。

2. 关键技术应用和创新点

本项目运用互联网、物联网及云计算等 IT 技术手段对口岸、交通枢纽、物业、商业等方面进行高效的管理,打造集口岸业务、综合交通枢纽、商业综合体三位一体的智慧城市商业综合体,实现管理、应用、服务智慧化,提高横琴枢纽的运行效率、管理水平和服务质量。通过对综合枢纽开发工程信息规划及集成研究,打造国内领先的综合管理智慧口岸体系。

（1）集成平台。通过信息化手段采集通关信息，实现通关诱导、信息查询、通关预警、智能分析等服务。为旅客及口岸管理人员、服务人员、公司职员等各类人群提供交通诱导、信息发布、停车诱导等便捷服务。为口岸招商引资、商业策划、酒店公寓租赁销售、商铺出租、物业管理等实现高效信息化管理。运用云计算、物联网、自动化控制、现代通信、音视频、软硬件集成等技术，整合口岸安防、消防、通信网络、一卡通、信息发布、管网设备能源监控、停车管理、协同办公、智能调度等多个系统于一体的统一 IBMS 智能化集成平台，如图 5-19 所示。

（2）BIM 应用管理。建筑信息管理系统以建筑工程项目的各项相关信息数据为基础，通过数字信息仿真模拟建筑物所具有的真实信息，通过三维建筑模型，实现工程监理、物业管理、设备管理、数字化加工、工程化管理等功能。将项目参与方在同一平台上，共享同一建筑信息模型，利于项目可视化、精细化建造。

（3）云平台应用。采用虚拟化技术，基于服务器、存储和网络设备构建资源池，在资源池上通过资源的管理、调度和镜像管理实现系统的各种高级功能。

（4）建筑设备监控系统。横琴口岸建筑面积庞大，功能复杂，为此配置了大量的机电设备，以保证整个建筑良好舒适的环境和便利的工作空间。通过建设建筑设备监控系统，实现延长设备寿命、简化管理、节省能耗、确保设备运行安全的目的，建设节能减排、低碳环保的绿色建筑。

（5）建筑能效监管系统。实现对横琴口岸及交通枢纽内高低压变配电室的电力系统自动化管理；对横琴口岸及交通枢纽内出租/出售物业的能源自动化计量及收费管理；对横琴口岸内电、水、空调冷量等能源信息的自动化集中综合管理。建筑能效监管设计体现项目低消耗、低排放、高性能、高舒适的理念。

图 5-19　横琴口岸及综合交通枢纽数智大脑中枢画面

（6）项目效果和社会价值。横琴口岸综合交通枢纽项目契合横琴自贸区的特色，打造"模式创新、通关便捷、设施齐备"的国内一流口岸，智慧、绿色、健康的园区解决方案将横琴口岸建设成为"智慧、绿色、花园式口岸"的核心建设目标。

5.3.5 北京未来科技城"云运维"项目

1. 建设背景和内容

北京未来科技城规划建设总建筑面积近 300 万 m^2 的公共服务配套设施体系，含总部办公、优质办公、创意办公、四星主题酒店、国际五星酒店、白领公寓、服务式公寓、中高档住宅、国际综合购物中心、科技财富论坛、体育中心、图书馆、剧院、中央绿地广场、知名公立学校、国际学校、医院及城市轨道交通系统，如图 5-20 所示。

2. 关键技术应用和创新点

本项目为未来科技城的展厅开发了一套基于 PaaS 架构的园区智能化系统的集成与运维平台软件（ELV-IOT 与云运维管理系统），并通过大屏幕全方位展示，如

图 5-20 北京未来科技城"云运维"项目

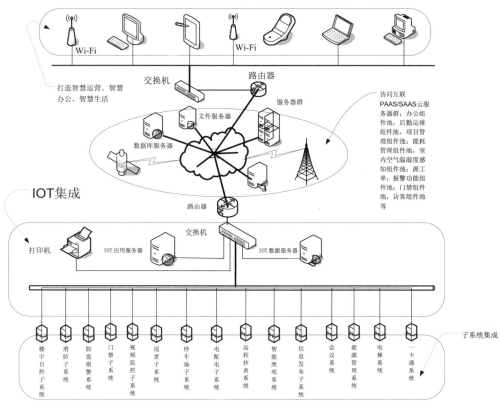

图 5-21 北京未来科技城 ELV-IOT 与云运维系统架构

图 5-21 所示。ELV-IOT 与云运维管理系统作为智能化建筑的核心，结合计算机技术、网络技术、通信技术、自动控制技术、云计算技术，对建筑内所有相关设备进行全面有效的监控和管理，丰富建筑的综合使用功能和提高物业管理的效率，确保建筑内所有相关设备处于高效、节能、最佳运行状态，从而为工作人员提供一个安全、舒适、便捷和高效的工作环境。

(1) ELV-IOT 与云运维系统架构

① 顶层为云计算 PaaS/SaaS 运维管理模块功能池。

② 第二层由服务器/工作站组成。各子系统的汇集到监控中心的服务器/工作站及相应的网关。服务器通过网关采集各子系统的数据，经过存储、处理，以供给工作站使用，完成用户要求的功能。

③ 第三层由服务器及其网关与网络组成。服务器通过网关提供数据，并且接收指令，完成功能。综合管理系统和各子系统的数据交换是通过接口设计，采用通信集中管理方式，通过前置转换程序将各子系统的通信接口都统一到 OPC 标准，实现对不同

厂商不同通信及协议的集成。

④底层为设备控制器级。由各个子系统控制器组成，如建筑设备监控系统的现场控制器、安全防范（管理）系统的报警装置及现场主机、火灾自动报警系统的现场探测器、模块及主机、电力监控系统的现场数据采集器、智能照明系统的现场控制器、广播的控制主机、停车场管理系统的现场道闸等。

（2）系统功能特点

①智能策略控制：系统在采集数据的同时，向使用者提供历史数据智能分析功能，使用者可根据分析结果，在智能策略控制模块中设置联动控制策略，系统在适当条件下响应触发这些策略，达到系统优化和高效运行的目的。

②人工智能机：对操作人员及行业专家的经验进行有效的提炼整理，生成健康评分软件模型，实时监控、实时评分，并能自学习、自适应。从而做到及时提醒设备维护，确保系统处于良好的运行状态。对设备的重要性、紧迫性进行合理分级，实时显示当下负载总功率，显示可以瞬间允许切掉的负载量。当能源供给受限时，可以及时给出合理的调度方案，并利用峰谷电价的差异，合理调度，节约电费，参与到国家电网负载调平衡，创造经济效益。

③可视化电子地图采用电子地图的形式显示各个子系统、设备及各楼层信息，使用者操作界面简单、友好。基本图形库中存有5000多个基本图元，使用者可以采用"拖放"的方法在开发平台完成电子地图制作，在设置图形和相应设备之间的对应关联后，使用者就可以很方便地在布防图上实现对建筑内各设备的监控。

5.3.6 贵阳清镇城市级停车管理项目

1. 建设背景和内容

贵阳清镇城市级智慧停车管理项目，由清镇城投投资，定位为国内示范性的城市级智慧生态停车场。智慧系统由中建三局智能技术公司设计实施，采用智瓴易行停车管理平台，建设区域内包含约35.73km的中心城区道路，涉及清镇市规划内30084个停车位收费、管理及停车场配套的场内视频监控、运营指挥中心及数据中心建设等内容，打造一级智慧停车系统、二级车路协同智慧网联标志，以及地下停车场出入口处的三级停车诱导系统，如图5-22所示。

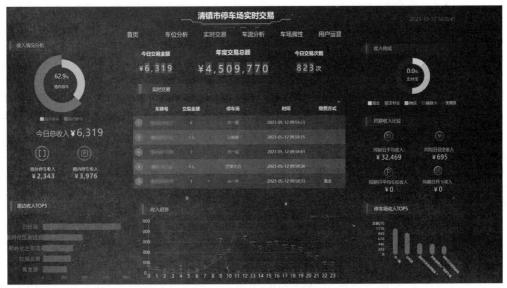

图 5-22 贵阳清镇城市级停车管理项目

2. 关键技术应用和创新点

（1）通过"大场景 GIS 数据 + 小场景 BIM 数据 + 物联网"的有机结合，建立全面的数字孪生模型：采用 BIM 模拟施工，提前发现问题并干预，实现事前管控，减少建设隐患。建立一套与真实建筑——对应的数字资产，其将成为未来几十年运营维护的"电子档案"。

（2）基于视频分析数据采集：系统采用视频识别方式可自动对泊位状态检测、对车辆行为进行检测及抓拍，实现管理自动化，证据数字化，解决目前普遍存在的停车逃费追缴提供了有力证据，提升了运营管理效率及用户体验。

（3）助力绿色低碳运行：通过车位诱导与反向寻车系统，实现车辆出入管理、自动计费存储数据、车位引导与反向寻车等功能。系统与城市停车运营管理平台对接，实现各类信息的一体化管理，助力城市绿色低碳运行。

5.3.7 金鸡湖隧道智能化建设项目

1. 建设背景和内容

金鸡湖隧道是苏州"八纵八横"板块间主干路系统和园区"十二横十二纵"主干路系统的重要组成部分，全长 6.04km，其中主线长约 5.4km，西起星海街，沿中新大道西布设，自西向东下穿星汉街、星港街、星州街、金鸡湖、环洲路、星湖街、长乐街，接入中新大道东，止于南施街西侧，双向六车道规模，设计时速 50km，如图 5-23 所示。

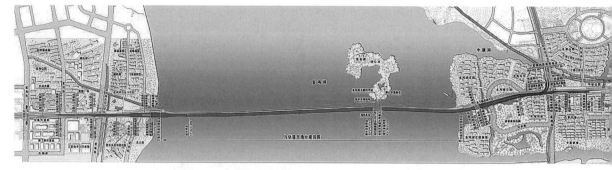

图 5-23 金鸡湖隧道智能化建设项目

金鸡湖隧道是国内最长的明挖法城市湖底公轨共建隧道，湖中与轨道交通 6 号线共建部分约 3km，建设难度高，被列为苏州工业园区的一号工程和省、市重点民生项目。

2. 关键技术应用和创新点

（1）隧道综合管理平台系统：结合国内领先的城市隧道一体化综合监控理念，运用计算机网络技术、智能控制技术、多媒体技术、管理开发技术，采用先进的信息采集与获取、信息传输与管理、信息展示与利用的三层设计理念，提供先进与科学的综合管理机制和联动控制机制，能对隧道进行集中监控，对隧道的历史信息进行集中查询，实现整个隧道和下穿综合监控系统的一体化综合集成、集中管理、信息共享、智能控制的目标；实现总揽全局的功能，并且能够根据隧道的运行情况，及时发现事件，快速进行交通组织和协调工作；系统设置的工作站能同时监控隧道的所有分/子系统，实现全面监控。

（2）隧道主洞巡检机器人系统：利用隧道智能巡检机器人以及相关集成应用技术，及时了解、处理和发布隧道运行状态和交通预警信息，提升隧道交通安全的应急联动能力，为隧道监管人员和司乘人员提供快捷的隧道行车安全预警信息服务，定期对隧道进行巡检并在突发情况下及时响应，可替代人工完成隧道常规巡检任务，降低运维人员作业风险和劳动强度，提高隧道运营维护的自动化程度和智能化水平，节约隧道运营管理费用。

（3）基础智能化系统：主要包括计算机网络系统、设备监控系统、视频监控系统、巡检机器人系统、有线广播系统、无线通信系统、不间断电源系统、综合监控机房系统和隧道综合管理平台系统集成等。

5.3.8 北京通州文化旅游区智慧管廊项目

1. 建设背景和内容

北京市通州文化旅游区地下综合管廊项目涉及的道路共 56 条,地下综合管廊总长约为 22.8km,高 3.3m,最大宽度 14m,规划随道路敷设 4～5 个独立且密闭性能良好的舱室,分别容纳水信、燃气、电信、电力及再生水在内的多条管线,管廊断面采用矩形断面形式,全文旅区共设置一处监控中心对区内 20 条管廊进行运维管理。为了进一步加强对通州文旅区地下综合管廊的智能化运维管理,在监控中心内统一配套建设地下综合管廊运维管理平台,以保障地下管线的安全运营和高效运维。

2. 关键技术应用和创新点

（1）BIM+GIS 时空大数据技术,打造建筑与综合管廊的数字孪生模型

在设计阶段采用 BIM 建模进行辅助设计,如图 5-24 所示。在项目实施过程中通过 BIM 模型实施管理,并最终交付竣工 BIM。将竣工 BIM 作为建筑物的数字孪生模型,根据运维管理的精度要求对其进行深加工,并赋予模型数据标识,最终实现其与运行数据的对接。

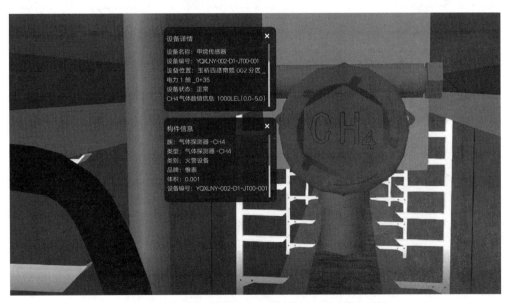

图 5-24　智慧管廊传感器 BIM 模型与实际运行数据对接

对于复杂的地下综合管廊项目,如地下管廊、管网等,其建筑特点是建设区域广泛、结构复杂、主线与支线并存。通过 BIM 模型技术建立的地下综合管廊数字孪生模型,

可以直观地显示地下拓扑关系，便于管理者掌握管廊的结构与位置。

作为智慧城市的重要组成部分，按照"一张图"统筹管理的思想，城市的管理者、地下综合管廊管理部门、管线产权单位，需要全面的数字孪生模型和运行数据，需要完成地下建筑物在同一 GIS 坐标系下与地上建筑的位置匹配校准。图 5-25 是项目 12km² 区域的地上建筑、道路、交通、桥梁和地下 23km 综合管廊、市政管线、照明、排水等 GIS 与 BIM 模型的融合。

图 5-25　智慧管廊三维 GIS 模型

依托 BIM+GIS 时空大数据融合技术，解决了地下综合管廊信息化程度低，地下拓扑关系理解困难，空间分析能力不足等缺点，实现了城市级宏观视角下的综合监管和微观视角下的设备监控，为城市网格化管理提供了数字模型。

（2）多维度 GIS 坐标系算法，实现地下综合管廊精准定位

地下综合管廊作为城市建筑的一部分，需要为城市管理者提供数据接口，包括基于位置服务信息（LBS）更是城市应急、资源调配、网格化管理的重要数据。相对坐标系的一维或二维位置需要经过算法转换为绝对坐标系——三维 GIS 坐标系后，才可纳入城市级统一数据管理体系。通过多维度 GIS 坐标系算法，可实现在 GIS 坐标系和地下综合管廊建筑物坐标系的位置参照，结合地上和地下的数字孪生模型，能够准确地提供运维人员和物品的全视角实时 GIS 坐标位置和行程轨迹信息，为地下综合管廊的应急指挥、疏散、路径查询和引导提供数据基础，实现地下综合管廊运维"情报信息多元化，通信手段多样化，辅助决策科学化，指挥控制实时化，指挥终端智能化"的要求。

（3）跨资产数字协同

跨资产数字孪生模型构成了智慧城市的海量信息，更为城市级运维管理平台提供协同工作与数据调阅功能，同时和物联网、大数据挖掘、云计算等技术结合起来，实现城市全要素数字化和虚拟化、城市全状态实时化和可视化、城市管理决策协同化和智能化，形成物理维度上的实体世界和信息维度上的虚拟世界同生共存、虚实交融的城市发展格局，这是数字孪生技术在城市层面的广泛应用。如图5-26所示，GIS地图上加载了道路、桥梁、交通、地下管廊、地下管网、灯杆等多个孪生模型，每个模型都赋予数字化标识，形成数字资产，为需求部门提供底层数据支撑。

图 5-26 智慧管廊跨资产数字孪生模型

在管廊数字信息化的进程中，创造和拥抱新模式、新业态，注重数字经济持续健康发展，充分发挥数字经济引领经济创新发展的重要作用。在这一过程中，推动互联网、大数据、人工智能等新一代信息技术对传统产业进行从生产要素到创新体系、从业态结构到组织形态、从发展理念到商业模式的全方位变革和突破，推动数字技术在制造业研发设计、生产制造、经营管理等领域的深化应用、渗透和融合，切实提升实体经济创新力和竞争力。

5.3.9 陕西广电网络产业基地数据中心项目

1. 建设背景和内容

陕西广电网络产业基地数据中心位于咸阳市西咸新区，占地面积31.5亩，数据中心总建筑面积 20544m²。产业基地项目以数据中心为主，集呼叫中心、科研中心、运维中心于一体，如图 5-27 所示。该项目由陕西广电网络传媒（集团）股份有限公司投资建设，是产业基地项目的重要组成部分，是开拓大数据业务的重要节点，同时作为未来中国广电 5G 核心网西北枢纽、陕西政务云、国家文化大数据项目西北节点，为党政、教育、医疗、金融、科研等行业提供高质量的云计算及大数据支撑。项目获得"2021 年度数据中心实施样板项目"奖。

图 5-27　陕西广电网络产业基地数据中心项目

2. 关键技术应用和创新点

项目由同方股份有限公司采用机电工程施工总承包模式承建，数据中心按照现行《数据中心设计规范》GB 50174 中 A 级数据中心标准设计建造，涵盖了装饰系统、ECC 监控中心、供配电系统、10kV 柴油发电机系统、动力系统、暖通系统、给水排水系统、新风系统、弱电智能化系统等多个子系统。数据中心总装机容量达 2364 架，单机柜功率为 4kW/8kW 两种规格。项目智能化系统特色如下：

（1）BIM 仿真技术：通过 BIM 对机电项目中管线槽、孔洞位置等进行综合排布、合理布局，实现精确定位、避免碰撞，大大提高项目精细化管理水平，减少施工浪费，保证施工的流畅性和经济性。

（2）余热回收技术：为降低数据中心 PUE（数据中心总能耗 /IT 设备能耗），利用水源热泵机组回收数据中心余热，在冬季利用中温冷冻水回水作为热源，为数据中心辅助区及办公区域供暖，实现余热回收，节约能源。

（3）利用自然冷源技术：通过冷却塔、冷却水泵、板式换热器组成自然冷却单元，经 BA 系统智能调控，实现了部分自然冷却和完全自然冷却，减少压缩机制冷时间，充分利用室外冷源，有效提高能源效率。

（4）冷通道封闭技术：采用"面对面、背靠背"方式摆放机柜，在机柜间搭建冷通道隔离冷热空气，使机柜前端拥有独立的冷风通道，减少冷热空气掺混，提高冷量利用率。

（5）智能轨道式母线：末端配电采用智能母线，布置在机柜上端，使供电系统简洁易维护，方便运维检修。智能轨道式母线采用模块化设计，可灵活调整配电方式，适应性强，可重复使用。

（6）高频 UPS：高频 UPS 设备功耗小，功率因数高，效率可达到 95% 以上，有利于降低数据中心 PUE；同时设备体积小、重量轻，可有效缩减占地面积、减轻建筑承重，增加 IT 设备安装空间。

（7）预端接光缆：采用预端接光纤布线，产品可靠性高；模块化的连接，使安装更加高效快捷，高密度的设计使机柜空间利用率大幅提升。

（8）DCIM 系统：采用分布式采集、集中式管理架构，结合可视化交互界面，实现对数据中心基础设施、资产、容量、能效等进行全面监测，通过数据分析、故障诊断、系统优化等，有效提升运维管理。

（9）冷源群控系统：对数据中心制冷系统进行控制及管理，对设备运行参数进行数据分析和优化，实现冷源群控系统的智能调控，保证了设备处于最佳工况，助力数据中心节能减排。

（10）色彩管理系统：数据中心运用色彩管理，能有效地对环境、设备、管道进行颜色区分，提高数据中心各系统、各区域的分辨程度，增加整体艺术性，改善运维人员工作环境，提高运营管理效率。

图书在版编目（CIP）数据

中国智能建筑行业发展报告．智能建筑助力数字中国实现绿色"双碳"建设/中国建筑业协会绿色建造与智能建筑分会主编．—北京：中国建筑工业出版社，2023.10

ISBN 978-7-112-29194-6

Ⅰ.①中⋯ Ⅱ.①中⋯ Ⅲ.①智能化建筑—建筑业—经济发展—研究报告—中国 Ⅳ.① F426.9

中国国家版本馆CIP数据核字（2023）第184503号

责任编辑：张　磊　高　悦
文字编辑：张建文
责任校对：芦欣甜

我国智能建筑已经走过30余年的发展历程，智能建筑领域的外延和边界不断延展扩大，新技术、新市场、新模式和新应用纷纷涌现，为行业转型升级带来了新的发展机遇。在这种大背景下，中国建筑业协会绿色建造与智能建筑分会组织编写了本书。本书内容共分为五章，分别为我国智能建筑发展历程与现状；行业体系建设及新技术应用；行业发展机遇与挑战；行业展望与发展建议；典型应用与实践案例。

本书适合于相关专业从业人员使用，也可供政府相关人员参考。

中国智能建筑行业发展报告
——智能建筑助力数字中国实现绿色"双碳"建设

中国建筑业协会绿色建造与智能建筑分会　主编

*

中国建筑工业出版社出版、发行（北京海淀三里河路9号）
各地新华书店、建筑书店经销
北京海视强森文化传媒有限公司制版
天津翔远印刷有限公司印刷

*

开本：787毫米×1092毫米　1/16　印张：11¼　字数：215千字
2023年10月第一版　2023年10月第一次印刷
定价：**52.00元**
ISBN 978-7-112-29194-6
　　（41918）

版权所有　翻印必究
如有内容及印装质量问题，请联系本社读者服务中心退换
电话：（010）58337283　QQ：2885381756
（地址：北京海淀三里河路9号中国建筑工业出版社604室　邮政编码：100037）